MOUNTAIN

登自己的山

All This Wild Hope

再造乡土

Rural Inventions: The French Countryside After 1945

1945 年后
法国农村社会的
衰落与重生

Sarah Farmer

[美] 萨拉·法默 著　叶藏 译

GUANGXI NORMAL UNIVERSITY PRESS
广西师范大学出版社
·桂林·

图书在版编目(CIP)数据

再造乡土：1945年后法国农村社会的衰落与重生 /
(美) 萨拉·法默著；叶藏译. —— 桂林：广西师范大学
出版社, 2025. 1. —— ISBN 978-7-5598-7459-7

Ⅰ. D756.569

中国国家版本馆CIP数据核字第2024LV1935号

Rural Inventions: The French Countryside after 1945
Copyright © Oxford University Press 2020

Rural Inventions: The French Countryside after 1945 was originally published in
English in 2020.
This translation is published by arrangement with Oxford University Press.
Folio (Beijing) Culture & Media Co., Ltd. is solely responsible for this translation
from the original work and Oxford University Press shall have no liability for any
errors, omissions or inaccuracies or ambiguities in such translation or for any
losses caused by reliance thereon.

RURAL INVENTIONS 最初于2020年以英文形式首次出版。
中文简体版本经牛津大学出版社授权出版。
读乎（北京）文化传媒有限公司独立承担本译作的责任，牛津大学出版社
对于翻译中可能出现的任何错误、遗漏或不准确之处，以及因翻译产生的
任何损失，不承担任何责任。

著作权合同登记号桂图登字：20-2024-158号

ZAIZAO XIANGTU: 1945 NIAN HOU FAGUO NONGCUN SHEHUI DE SHUAILUO YU CHONGSHENG
再造乡土：1945年后法国农村社会的衰落与重生

作　　者：（美）萨拉·法默
责任编辑：谭宇墨凡
特约编辑：王　偲
封面设计：高　熹
内文制作：燕　红

广西师范大学出版社出版发行

　广西桂林市五里店路9号　邮政编码：541004

　网址：www.bbtpress.com

出 版 人：黄轩庄
全国新华书店经销
发行热线：010-64284815
北京启航东方印刷有限公司印刷
开本：860mm×1092mm　1/32
印张：9　　　　字数：150千
2025年1月第1版　2025年1月第1次印刷
定价：79.20元

如发现印装质量问题，影响阅读，请与出版社发行部门联系调换。

目 录

导 言 001

第一章　农民已死，农民万岁！.......015

　　现代化的挑战 / 016

　　拖拉机 / 023

　　人口外流 / 028

　　赢家和输家 / 030

　　年轻的现代化者 / 034

　　法国新景观？/ 036

　　多形态景观 / 042

第二章　第二家园 047

　　猎房 / 052

　　梦想家园 / 056

农宅 / 067

品味问题 / 069

在农场度假 / 072

走向绿色 / 077

"保卫拉尔扎克" / 078

第三章　回归土地 087

动机 / 091

创建公社 / 095

乌托邦景观 / 097

文化冲突 / 103

定居 / 109

第四章　进步与怀旧 131

在书店的书架上 / 135

埃米尔·吉约曼 / 139

格雷纳杜 / 145

说布列塔尼语的布列塔尼人 / 146

埃米莉·卡莱斯 / 148

图瓦努 / 150

第五章　被破坏的景观 163

　　DATAR 的摄影任务 / 164

　　作为艺术的摄影 / 168

　　雷蒙·德帕尔东 / 173

结 语 193

致 谢 201

注 释 207

参考文献 273

导 言

2017 年秋天，巴黎。一场盛大的展览在法国国家图书馆开幕，展出的是自 20 世纪 80 年代以来拍摄于法国各地的风景照片。"城市的异化"早已成为一种陈词滥调，展览的宣传海报和目录册封面选用的图片，却将异化演绎出一种超凡感（otherworldly）。密集的高层住宅项目呈亮灰色调，映衬着淡蓝色的天空。枝繁叶茂的树木围绕着一片宽阔的草地，一匹灰色斑点马套着挽具，在嫩绿的草地上格外显眼。一名年轻男子牵着缰绳走在马匹后，身边跟着一条黑犬。

这张照片由西里尔·魏纳在 2008 年拍摄。它对准巴黎西郊楠泰尔的城市农业和土地开垦项目，捕捉到了文化、政治、物质和社会生活中长期存在的紧张关系，反映了农业和农村在一个无情地城市化的世界中的地位。[1] 城乡交会处的景观凝聚着现代生活中的种种紧张关系，而从视觉上再现这些关系的尝试可追溯到 19 世纪 70 年代，当时印象派画家克劳德·莫奈和他的同道们在画布上将工业企业跟城里人在巴黎田园风光中休闲的画面结合在一起。[2] 魏纳选择在楠泰尔拍摄，精准地呈现出城市与乡村的并置和对比。正是在这一地区，战后*首批大规模郊区住宅项目在巴黎周边的农田拔地而起，而这一发展态势很快被复制到法国的其他主要城市。[3] 城市边上难以名状的区域，也就是城乡之间如锯齿般杂乱的接缝，在 19 世纪末被称为 "地带"（the zone）。地带在 20 世纪 60 年代不断扩展和填充，形成一个流动的中间空间，后者新近被授予 "城市周界"（peri-urban）的名号。

20 世纪 30 年代以前，多数法国人仍生活在农村地区，法国在很大程度上依然是一个农业国。[4] 大多数农民和他们的欧洲同行一样，沿袭着先辈们在 19 世纪使用的耕作方法。1959 年，法国著名的农村社会学家亨利·芒德拉（Henri Mendras）†曾自豪地称法国是 "所有工业大国中最'农民'的国家"。[5] 然而，仅仅八年之后，

---

* 如无另外说明，本书的 "战后" 皆指第二次世界大战之后。（正文脚注均为译者注）

† 亨利·芒德拉的《农民的终结》已有中译本，他的姓氏被按照英语发音译成 "孟德拉斯"。

他对这个国家的看法就会截然不同。到 20 世纪五六十
年代，经过一代人的时间，在农作机械化的影响之下，
法国农业部门不再主要以小农经济为基础，而是由具有
全球竞争力的农业食品工业的大规模生产和经济收益所
支撑。如果说农村人口外流是一个长期的趋势，那么这
一农业结构的变化引发了最后一波外流，而且势头很猛。
农民大规模离开乡下，导致村庄空心化。耕种了几个世
纪的田地也不得不迎来荒芜。在 1967 年出版的《农民
的终结》一书中，芒德拉宣称，政府在战后致力于推动
法国农业的现代化，而这已然导致农民这一社会阶层的
解体。他甚至声称，20 世纪中叶的农业革命对生活和工
作方式的粗暴破坏，正在摧毁"传统的农民文明"，而
这种文明不仅是法国民族身份的基石，也是"西方文明
和基督教"的基石。[6]

　　在政策界和新闻界，"农民的终结"迅速成为流行
的口号，用来形容战后几十年生产力提高和经济空前增
长所带来的戏剧性后果。[7]直接从事农业的法国工人的
数量，从 1946 年的 740 万骤降到 1975 年的 200 万。[8]
新的农业技术意味着，只需更少的农业工人，便可以生
产出更多的产品。到 20 世纪 70 年代中期，法国在全球
农产品出口方面仅次于美国。[9]这时，许多仍在土地上
劳作的人不再被称为"农民"（peasant），而是被称为农
业经营者（agriculteur），也就是现代农场主（farmer）。

可以肯定的是，在战后的几十年中，并非只有法国经历了爆炸性的经济增长和繁荣。法国不过是与其他西方工业化国家和日本一道，在 20 世纪 60 年代为经济增长的浪潮所席卷，而全社会的生活水准也因此提高。美国社会科学家称之为现代资本主义的"黄金时代"。西德人也会谈到战后的"经济奇迹"。为现代化大唱赞歌的法国技术官僚让·富拉斯蒂耶则发明了"辉煌三十年"（trente glorieuses，指 1945—1975 年）这个说法。英国历史学家艾瑞克·霍布斯鲍姆同样认识到了资本主义经济在全球扩张的惊人规模和速度，以及前所未有的社会后果。他在 1994 年宣称："农民之死是 20 世纪下半叶最引人注目、影响最深远的社会变化，而我们与过去的世界就此永隔。"[10]

农民之死，以及与农村过去的断裂，在法国引起了特别强烈的共鸣，因为这个国家将民族的伟大同时归功于城市的现代性（尤其是巴黎的）和农村的传统，认为二者在相互对照中获得各自的价值。[11] 到 20 世纪 60 年代末，受到流动性增强带来的压力，加上新的城市周界的形成，城乡之间长期存在的空间和文化差异越来越难以说得通。[12] 这一时期，社会学家们谈到了"农村的城市化"，即从城市蔓延开来的、城乡共享的技术和消费文化。[13] 战后的法国政府为城市和郊区的住房、能源生产、交通、户外休闲，以及旅游业建设了大量新的基础设施，而先前主要用于农业的农村空间随之被转变成了一种"多形态景观"（用规划师和地理学家的行话来说）。[14]

法国现代史学中有一个久远的传统，那就是关于现代性力量侵蚀农民传统的叙事。事实上，民族志和民俗学这两个学科的建立，正是基于 19 世纪以殖民地和大都市为背景所形成的、对现代文化与传统文化之间差异的认知。一个著名的例子是历史学家厄让·韦伯。在出版于 1976 年的著作中，他将 1871—1914 年视为分水岭。在这一时期，国家主导的现代化运动（表现为义务初等教育、公路和铁路建设、征召青年入伍等），逐渐将农民带入"主流文明"。[15] 韦伯颂扬农民语言和习俗的不断消亡，以及法兰西民族认同感的深入人心。[16] 然而，韦伯的法国出版商给他的书起的名字传递出一种失落感。"从农民到法国人"这个最初的书名强调的是国家建设的进程。到 1983 年，该书改名成"地方世界的终结"，2005 年又改名为"我们祖先的法兰西"。

其他学者则认为农民文化的消亡时间要晚一些。1985 年，历史学家费尔南·布罗代尔在其最后一本书的结尾，也加入合唱的队列，哀叹起农民世界的消逝：

> 依我之见，在从古至今的，尤其是今日的法国，最触目惊心的景象，莫过于农民社会的解体……

一个属于农民的古老的法国，一个由带城堡的村镇、村落、小村庄和散落的房屋组成的法国，至少在 1914 年之前，甚至有的人说在 1945 年之前，基本保持着原貌。1945 年后，它成了"辉煌三十年"这个持续到 20 世纪 70 年代的前所未有的扩张时期的牺牲品。[17]

在布罗代尔笔下，早先时期的法国乡村是静态的。他的做法可能会受到读者们的异议，但很少有人会质疑这样的观点，即由农民文化界定的农村社会在 20 世纪晚期已然终结。

20 世纪五六十年代，当学者们因为在农村再也看不到农业劳工的身影而黯然神伤时，农民生活和农村景观却牢牢地攫住了法国人的想象力，甚至更胜以往。20 世纪七八十年代，人们广泛地享有并执迷于这样一种信念，即一些不可替代的、对国民生活意义深远的事物行将消亡。[18] 在文字和图像、大众媒体和学术研究、环保运动，以及休闲和社会实验的新实践中，法国人以各种形式，对农村生活和农村景观进行了价值重估（revalorized）。厄让·韦伯认为，法兰西第三共和国（1871—1914）的各种现代化工程"将农民变成了法国人"，而本书则认为，战后的现代化，使得法国人渴望与农民曾经的生活建立起既富有想象力又切实可感的联系。

　　1959 年可谓战后法国农村人口外流的高峰期，从这年开始，法国人每天清晨都可以收听皮埃尔·邦特的广播节目《您好，市长先生》，聆听乡村生活的声音。这个节目原本是面向农村听众的，但到 1965 年，其200 万听众中有一半是城里人。他们中的很多人以前是农民，或者是农民的后代，但现在都是现代化的城市居民。一些人住进了郊区大规模新建的住宅楼里，享受着之前做梦也没想过的物质水平。在工作过程中，以及在街区遛弯的时候，他们遇到了来自西班牙、葡萄牙、意大利的移民，以及越来越多的马格里布人*——尤其是阿尔及利亚人的面孔。[19] 这些听众对变化是否感到矛盾？邦特猜测许多人是怀旧的："在城市的灰暗中，这个节目成了一扇小窗，让城市和郊区的人们可以一窥乡间的风物人情……本来他们中的许多人就来自法国的农村地区，并一直对那里的生活心心念念。"[20] 或许，想到乡间生活仍在继续，会让他们感到心安。当法国的农村地区不再以农业为主、农民文化逐渐衰弱、农民逐渐成为乡间众多居民中的一个群体时，这些听众通过支持《您好，市长先生》，表达了对农民身份和农村景观的情感依恋。

---

* 马格里布为非洲西北部的一个地区，阿拉伯语意为"日落之地"。19世纪末，该地区绝大部分沦为法国、西班牙和意大利的殖民地。如今，该词成为摩洛哥、阿尔及利亚和突尼斯三国的代称。

这种对农村生活方式的依恋，成为战后文化的一个持久的特征。例如，20 世纪 70 年代中期时兴收集"美好年代"（belle époque）的明信片，这些明信片描绘了村庄的景象，以及农民和工匠的普通劳动，也就是法国人所谓"深层法国"（la France profonde）地带的、外省生活和农耕文化的元素。[21]1992 年，为响应农业部的号召，九千多名法国公民寄出了他们最心仪的风景照，其中绝大多数人选择了"传统农村风景"照。[22]

本书探讨了这一悖论。20 世纪下半叶，随着法国社会快速城市化，农村理想以何种形式在法国社会的想象和实践中持存？在全球化的刺激下，巨型都市在世界范围内陆续涌现，为何与此同时，"居住在法国的乡间"却成为国际共享的幻想和实践？这种农村理想往往被当作过去的或者永恒的、不受时间影响的事物来体验和呈现，并唤起人的渴念。当然，这种乡愁绝非什么新鲜事。在整个第三共和国时期，法国人都在颂扬农民文化；对农民生活和民俗的展示是 1937 年巴黎世博会的一大亮点，维希政权（1940—1944）也曾神化土地的美德。[23]尽管如此，正如文化批评家雷蒙德·威廉斯指出的，即便乡愁可以被视为"普遍而持久的"，但"不断发生的向历史中的撤退……在不同的时期意味着不同的东西，而不同的价值观都会受到质疑"。[24]因为农村在战后的迭代（iteration）而产生的乡愁，是贯穿本书各个章节的一条线索。然而，本书也表明，在由"辉煌三十年"
开启的后农业社会中，农村或许预示着未来的可能性。

在从多个视角探讨这些问题时，本书受益于学者在
文学和视觉表征领域的研究，以及社会科学家、历史学
家和地理学家的工作，尤其是强大的法国农村社会学派。
这个形成于 20 世纪 60 年代的学派，其宗旨正是理解
"辉煌三十年"给战后农村社会结构带来的深刻影响。[25]
从 1947 年开始，农村社会也是法国高等研究实践学院
（EPHE）社会科学学部*的几代年鉴学派历史学家、社
会学家和人类学家关注的核心。

受到人们去农村度假、运动休闲，以及欣赏作为文
化遗产的景观等活动的刺激，战后的法国乡间发生了变
化，而地理学家和社会学家已经在研究这种变化。[26] 在
过去的二十年里，农村社会学家和历史学家借鉴环境史
领域的研究成果，越来越多地从生态学的角度来看待
土地和景观。[27] 历史学家迈克尔·贝斯敏锐地看到，对
农民传统和农业形塑的景观的热切依恋，是法国环保
主义的一个显著特征。[28] 本书将通过研究那些前往空心
化的农村地区生活的人，以及那些用自传、生活故事
或者摄影再现农民生活的人的行为，来探讨这种依恋

---

* 由费尔南·布罗代尔和吕西安·费弗尔创办于 1945 年，后于 1975
　年独立为法国社会科学高等研究院。

的表现形式。

第一章"农民已死，农民万岁！"介绍了战后法国经济激进地追求现代化的历史，这场变革意味着传统农民经济的终结。农民们被迫离开村庄，前往城市寻找工作机会，以期改善物质境遇，享受五光十色的城市生活。随后的章节探讨了新的社会实践和文化表征方式，它们在实践和想象中对农村生活进行价值重估，以回应农村世界的迅速沦陷和战后社会令人眼花缭乱的转型。

20世纪五六十年代，有不计其数的农民背井离乡，留下了大量空置的农舍和农业建筑，它们很快就引起了法国和整个欧洲兴盛的城市中产阶级，以及收入不高但继承了家产的城市居民的兴趣。第二章"第二家园：作为乡村度假胜地的农宅"追溯了乡村次要住所房地产市场的兴起，是如何让法国在1978年就成为世界上拥有最多此类房产的国家，并导致土地价格飙涨。农宅不仅提供了与正在消失的农民生活的具体联系，满足了居住者的怀旧之情，还成为城市和农村女性表达消费欲望和对现代化的渴念的场所。居住在法国乡间，成了国际共享的幻想，并使得英国人彼得·梅尔的《普罗旺斯的一年》（1989）成为全球畅销书，该书讲述了作者搬进法国南部的一座古老农舍的故事。"法式乡村"更成为一种无处不在的室内装饰风格。[29]

另一些人则把偏远的农村地区作为重新想象未来之

地。在 1968 年 5 月的骚乱之后，反主流文化的青年在
法国偏远的农村搞起了乌托邦实验，以挑战资本主义、
消费主义、布尔乔亚社会规范和大农业。他们赋予地方
一种价值，即作为城市化弊端的解毒剂，以对抗 20 世
纪六七十年代出现的全球化的强大力量。第三章"回归
土地：20 世纪 70 年代法国的农村乌托邦"讲述了一些
年轻人在因农村人口外流而凋敝的地区建立公社的故
事。一些人留在那里务农或者寻找别的谋生方式，成为
逐步融入当地社会的新农村人（néo-ruraux）。20 世纪
70 年代的乌托邦计划，通常被认为处于主流政治的外围，
实则在法国的政治和社会生活中留下了深深的烙印。它
们推动了环保主义运动的兴起，并使得当代的欧洲年轻
人普遍具有绿色意识（green sensibility）。

　　第四章"进步与怀旧：农民生活回忆录"考察了法
国农民回忆录这种新的文学体裁在 20 世纪 60 年代中期
到 20 世纪 80 年代初期的出版和风行。农民回忆录的作
者们在追忆往日生活的同时，还会探讨被 1968 年 5 月
社会和政治运动提上议事日程的当代议题——环保主
义、女权主义、地区主义（包括寻求布列塔尼和奥克西
塔尼的自治），并对将地方作为乌托邦实验和复兴之地
的尝试表达兴趣，以弥合法国由农村定义的过去与由现
代科技主宰的现在之间的裂痕。其中一些在电视上露面
的作者成了名人。通过这种方式，现代媒体延续了它本

该淘汰的传统，即便只是做做样子。农民回忆录及其作者们强调了"传统"与"现代性"在多大程度上是相互联系而非相互对立的。在个人成为并将自身理解为现代人、社会成为并将自身理解为现代社会的过程中，这二者都是不可或缺的。

第五章"被破坏的景观：雷蒙·德帕尔东的视觉回忆录"考察了一位著名摄影记者和电影制片人在 20 世纪 80 年代初期创作的视觉回忆录，当时他参与了 MPD（国土整治与地区发展局摄影委托项目）这个具有里程碑意义的公共摄影项目，并选择以父母的农场作为拍摄对象。他的自传便以这些照片为基础，并在书籍、电影、博物馆展览和访谈中，得到发展、扩充和重述。[30] 本章不仅将德帕尔东的创作及其意义放在更大的 MPD 项目中来探讨，以阐明照片是如何影响人们去感知农村生活和景观在战后发生的颠覆，还探讨了景观在塑造个人身份和国族身份方面的作用、照相机在表达历史变迁的空间维度方面的力量，以及德帕尔东的摄影作品表达失落、重现过去的方式。

20 世纪 60 年代到 1980 年初法国"农民时刻"（peasant moment）的参与者，与其说是为了再造（recreate）传统的农民生活和价值观，不如说是为了将"居住在乡间"重新刻画（reinscribe）成当今生活不可或缺的部分。他们在象征层面和物质层面对农村生活和景观的投资，以悖论的方式反击了将城市视为动态、将农村视为静态的俗见。他们辩称，农村是过去与未来的交叠之地，在这里，一种竞争性的现代性（contested modernity）从社会实践和文化表征中产生，而这些实践和表征正是本书研究的主题。

第一章

农民已死，农民万岁！

1960 年 6 月 14 日，戴高乐总统在全国广播和电视上，向法国人民发表讲话。这次讲话充满令人回味的意象，传递着振奋人心的信息，因而被人们长久铭记。他以童话故事般的语言开场，召唤出一个停滞不前的国家的幽灵，这个国家在被德国打败和占领之后，饱受屈辱，经济一蹶不振："很久很久以前，有一个古老的国度，被传统和谨慎包裹着。它曾经是世界上人口最多、最富有、最强大的国家，但在经历了巨大的磨难之后，它陷入了自我封闭。"两年前，戴高乐被一个因未能结束阿尔及利亚独立战争而陷入危机的政权召回。现在，作为第五共和国的领导人，他向他的同胞们提出了一个抉择："我们必须跻身工业大国的行列，否则就只能任由自己衰弱下去。"当前的国家任务是把"旧法国""转变为一个新的国家，迎娶属于它的时代"。唯一的出路是在海外接受帝国的丧失，同时在国内推进现代化，无论人们如何怀念"曾经的帝国……油灯的柔光、扬帆起航的海军的辉煌、马车时代的魅力"。

戴高乐默认法国作为农业社会的时代已经结束——言下之意是，他可能会对农民的终结感到遗憾，觉得这样的必然太不幸，犹如对帝国的终结一般。不过，他还是向国民保证，"即便我们生活在工业时代"，法国仍将是"盛产优质小麦、精选牛肉、纯净牛奶和葡萄美酒的国家"。[1]他期望法国农村能够以某种方式实现现代化，承受住农民离开带来的影响，同时依然是法国文明的源泉。[2] 即使生产方式发生根本性变革，优质食品仍将继续生产出来。

然而，戴高乐 1960 年的讲话，不是要传递一个新信息，而是要告诫全国人民继续完成当前的工业发展任务。到他发表讲话时，法国的转型——他将之称为"我们伟大的国家抱负"——已全面展开。本章将追溯这一转型的大致样貌及其对法国农村的冲击。

现代化的挑战

1945 年，刚刚摆脱了与德国的又一场毁灭性战争，法国人民又不得不投身生存斗争，他们在日常生活的方

方面面都面临着物质短缺。维希政权寻求与德国合作的
政策，扼杀了法国的经济。遭到空中火力猛烈轰炸的交
通运输系统，此时仍处于瘫痪之中。1947 年冬天，煤
炭和粮食的基本供应仍然是民众最关心的问题，而糖、
汽油和咖啡一直实施战时配给制，直到 1949 年底。[3]
1940 年的军事失利、德军长达四年的占领，以及维希
政权的道德污点，让人们形成了一项迫切的共识：当前
形势所需的，远不只是收拾这个政治体制声誉扫地、经
济千疮百孔的烂摊子。法国要想重振其世界领袖的雄
风——戴高乐将宣布这一承诺——就必须进行彻底的变
革：经济的现代化，国家物质基础设施的扩建，工业和
技术的发展。第四共和国的领导人都秉持着一个根深蒂
固的信念，那就是只有彻底而全面地实现社会和经济的
现代化，法国才能避免持久的衰弱。[4]一批信奉经济统
制论的改革者超越了眼前的重建目标，将中央集权的国
家规划推向了一个新的水平。

　　这种由国家来推动现代化的承诺，可以追溯到两次
世界大战之间的那些年，当时提倡放任政策的自由主义
受到了来自左翼和右翼的攻击。由专家设计和领导的、
从中央出发的国家长期规划早在 20 世纪 30 年代就已经
出现，维希政府的技术官僚也曾在战争期间尝试过这一
措施。[5]1946 年 1 月，第四共和国公布了一项由让·莫
内在戴高乐支持下制定的计划，如其标题所示，该计划

可谓雄心勃勃："法国本土和海外现代化与经济装备首个总体计划"。在莫内的领导下，现代化和基础设施国家规划委员会（CGP）逐步确立了将经济自由主义和国家干预相结合的政策，最终目标是建立能够参与国际竞争，并在欧洲占据主导地位的现代经济。

依照该委员会的指导方针，政府将整个工业和服务业（能源、存款银行、保险、运输）国有化，并设立了新的机构和委员会来刺激增长、管理经济和提供全面的福利补贴。这既是奉行抵抗运动复兴法国的指令，同时也延续了部分维希政权的改革内容。通过促进雇主、工会、专家和公务员之间的合作，落实一系列多年期计划，该委员会在现代化的推动上取得了巨大而深远的成就。[6]

第一个计划（1947—1952）的重点是将工业产量恢复到战前水平，拓展对外贸易，结束食品短缺的局面，改善住房条件，让人民的基本生活有所起色。该计划将目标设定为提高煤炭、电力、水泥和钢铁的产量，以及实现农耕机械化。通过改革科学教育和培训领域，加强基础研究领域的投资，它为科技的突飞猛进奠定了基础。在美国马歇尔计划的援助和世界经济形势的推动之下，这些举措几乎立即就结出了硕果。1949年，法国的工业产量已达到1929年的水平，而到了第二年，便超过了25%。[7]尽管这样的经济增长无法跟西德和意大利的经济"奇迹"相提并论，但到了 20 世纪 60 年代，法国的经济也开始起飞。反过来，战后的繁荣又推动了大众消费新时代的到来，以及生活水准的提高，而这也是"辉煌三十年"的标志。

20 世纪五六十年代，法国的规划者、技术专家、国家工程师、管理者和政客们都在追求国家在科学成就和技术发展领域的领先地位，以重续且重新定义法兰西民族的辉煌。委员会启动的第一批大型项目，都主要依赖国家资金扶持，并以世界一流技术为目标。法国大力投资发展核能以确立其在军事防御和能源生产领域的独立地位，便是其追求技术现代化，以恢复法国的伟大、避免被美国牵着走的典型例子。[8]

国家现代化计划还要求对农业进行改造。法国将农业现代化作为其经济战略的核心，这既是为了利用欧洲经济一体化的前景所带来的机遇，也是为了重新确立法国作为全球经济大国的地位。[9] 解放后，在共产党和农业辛迪加组织的支持下，政府和国民议会呼吁农民大幅度提高生产力，以改善自身的命运，同时也帮助国家解决食品短缺的问题。[10] 除了这些当下的目标，领导着 CGP 的欧洲主义者（Europeanist）还认为，大幅增加农产品出口是减少法国对外贸易赤字的最有效途径。传统上，法国出口的农产品仅限于葡萄酒、烈酒和鹅肝等。随着第二个计划（1954—1957）的实施，以及 1957 年欧洲经济共同体的成立，CGP 和农业部在跟农业部门的代表协商后，确定了让法国成为西欧最大基本食物出口国的目标。[11]

要达到这一生产水平，就必须对法国过时的农业部门进行深刻的结构性改革。长期以来，法国农业的特点在于其土地持有模式，即大量的农民耕种着小块的，甚至是碎块的土地。《拿破仑法典》要求土地所有者在其继承人之间平分土地，将这种土地持有模式固化为结构性的常态。在整个 19 世纪，政权和政府维系着这种模式，将大量的农民视为抵御城市工人激进主义的必要堡垒。[12]农民主义，即"相信农民的生活具有独特的道德品质"，成为第三共和国（1870—1940）政治家们的政治信条。他们制定了保护主义的经济政策，以确保法国的小农们会把选票投给他们，并将共和国的土地（指由独立农民耕种的农田）观念，作为国家认同的有力因素。[13]1940年，法国被纳粹德国打败，维希政权成立，农民共和国的愿景随之被一种威权主义的、本质主义的土地崇拜取代，贝当在 1940 年 6 月 25 日的广播讲话中对此进行了总结："至于土地，它不会说谎。它就是祖国本身。"[14]

这些政策的结果是，在法国从 19 世纪 30 年代开始工业化之后的很长一段时间里，大部分的劳动力依然在务农，而且耕作的是小块土地。[15]都已经到了 1946年，在参加经济活动的成年人口中，从事农耕的人还占到 36%，而这一比例在英国、美国、荷兰分别为 5.5%、16%、20%。[16] 法国总共有 250 万个农场，绝大多数是家庭农场，其中 58% 的面积小于 10 公顷，37% 小于 5 公顷。面积在 50 公顷或以上的法国农场不到 5%。[17] 第二次世界大战结束时，大多数法国农民仍然用牛或马犁地，种植各种作物供自己消费，并通过当地网络销售剩余的农产品。可以肯定的是，法国农民已然接触到了城市的流行文化，除了通过大众传媒，还通过人的交流：他们可能有亲人住在城里或者进过城，也会遇到外国人和城里人来乡下度假或者躲避战祸。然而，到了 20 世纪 50 年代，他们的劳动在很大程度上依然跟工业资本主义的力量隔绝开来。

地区不同，农场主的数量、土地的所有制结构和耕作方式都会存在明显差异。[18] 在巴黎盆地和东部地区，开阔的大型农场专门种植单一作物。20 世纪二三十年代，这里的甜菜和小麦种植者已经开始使用化肥，并购置了拖拉机等机动设备。[19] 巴黎周边的中型农场和更大一些的农场，则生产谷物、乳品、葡萄酒和蔬菜。至于南部和西南部的小土地所有者，他们生产餐酒和乳制品。在布列塔尼贫困的内陆地区、中央高原（Massif Central）和法国东南部的山区，占主导地位的是靠小块土地维持生计的自给农业。[20] 当然，并非所有住在法国农村的人都是个体农民（peasant farmer）。然而，19 世纪最后几十年，法国发展相对较晚的工业资本主义淘汰了乡村工业，腹地的工人跟随着工业的脚步进入城市，农村经济几乎只剩下农业。这反过来又促使失去客源的乡村店主和工匠离开。[21]

战后，法国的规划者、技术官僚和农业工会领导人都坚信，法国农业要想有前途，国民经济要想获得总体的成功，就得对耕作方式、农业土地所有制和劳动力进行彻底重构。1946 年，勒内·迪蒙有力地表达了这一迫切的变革需求。1945—1953 年间，这位首屈一指的农业专家任职于 CGP。他说："在经济发展以丰裕为目标的背景下，依托信息和设备的、现代化的、多产的农业经营方式才是正道。如果被习惯束缚着，奉马尔萨斯主义为圭臬，抱着自给自足的心态向内转，这样的农业经营方式将毁掉整个国家：法国农业必须现代化……否则只有死路一条。"[22]

政府利用马歇尔计划的援助来分发农机和化肥。改革促进了零碎土地的整合，让农场主更容易获得信贷。新成立的国家农学研究院（INRA）提倡引进新作物和科学的增产方法。除了有机农业和生物动力农业的早期支持者这种显著的例外，个体农场主开始相信，现代化是让自己留在土地上，并与城市居民一起享受繁荣成果的唯一途径。[23]

拖拉机

无论从哪个方面看，机动拖拉机的采用对战后法国农业转型的影响都最为显著。它不仅改变了劳动方式，还改变了景观本身的结构。拖拉机减少了体力劳动，取代了役畜的工作，并使得马从人的日常生活和劳动中消失。这标志着法国告别了以马匹作为运输、劳动和战争核心动力的世界。这一物种间深度合作关系的解体，是农民世界消亡的关键阶段。[24]

农业机械需要更大的场地才好施展手脚，因此机械化推动了土地整合（remembrement），农场主们通过交换和重新分配土地，将连片的田地组合在一起。1960年后，随着土地整合与农村安置公司（SAFER)的成立，由国家主导的土地整合得到加强。该公司是一个由地区土地银行组成的半公开的国家系统，负责监督农业用地的销售，旨在推动更大面积和更合理的土地持有并扶持建立中等规模的经营性农场（working farm）。[25]投入使用的拖拉机数量从1946年的5.6万台激增到1950年的13.5万台，再到1963年的100万台。1950年，只有13%的法国农场主拥有拖拉机，而到1963年，一半以上的都有了。为了购买新设备，许多农场主不惜生平第一次背上债务。

拖拉机成为现代化无所不在的象征，拥有拖拉机乃

图 1.1　鼓励使用农机代替耕畜的宣传。Daniel Bour,《国际农业周刊》
（*Semaine internationale de l'agriculture*）海报，1965 年，由巴黎福尔
内艺术图书馆提供

"独立和决心的表现"，被当时的广告片和教育片作为社
会地位的标志予以颂扬。在这个决定性的时期，获得拖
拉机是农家生活中的里程碑事件。[26]

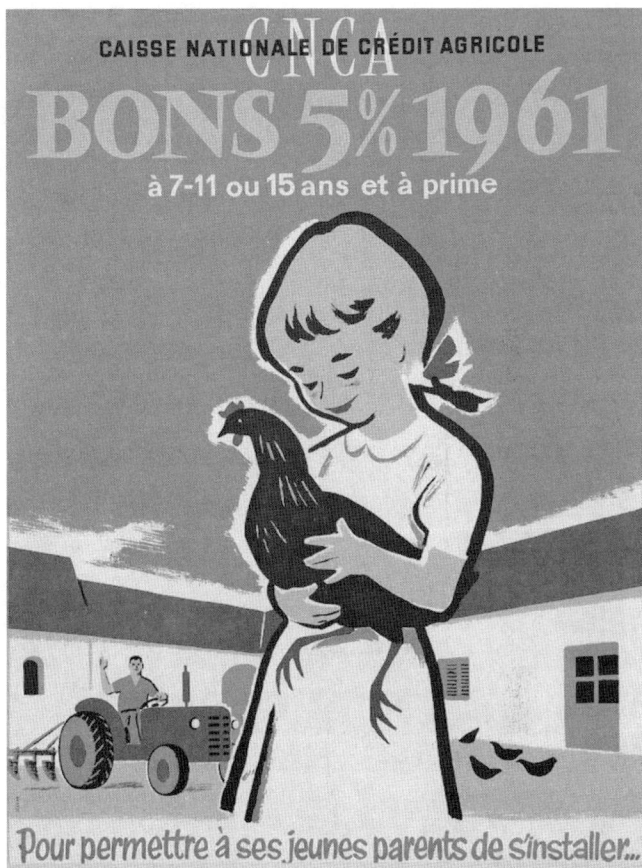

图 1.2　"为了让年轻的家庭站稳脚跟"，法国农业信贷银行以优惠利率
提供长期贷款。匿名，海报，1961 年，由巴黎福尔内艺术图书馆提供

　　对设备、化肥和土地的资本投入，增加了提高产量
和利润的压力。对于现在面临着市场压力的法国农场主
来说，自给自足和勤俭节约不再是成功的生存之道。到

图 1.3 "很好地适应了中型农场的需求"。匿名，海报，约 1960 年，由巴黎福尔内艺术图书馆提供

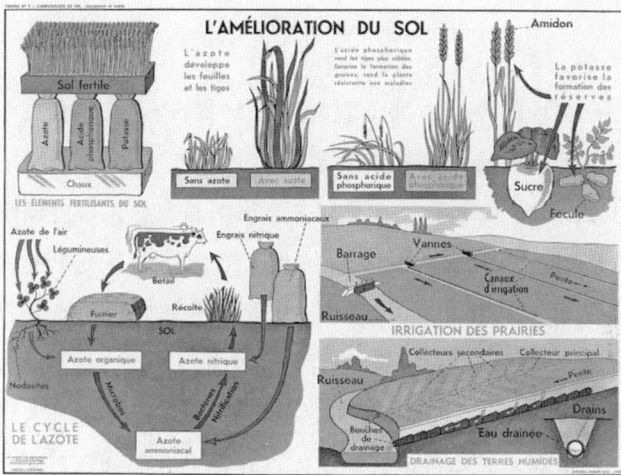

图 1.4　通过使用化肥、灌溉和排水来改善土壤质量。匿名，《土壤改良》(*L'amélioration du sol*)，教育海报，约 1950 年，印刷品，George Lang。图片来自作者的私人收藏

1955 年，一位卢瓦尔河以南的农场主要想不亏钱，至少需要 15—20 公顷平整的田地。如果是在大规模农业地区，比如说北方平原，一名农场主需要 50 公顷以上的土地才能维持生计。1955 年后，小型农场（土地面积 10 公顷或以下）以每年 3 万个的速度倒闭。法国的农场数量从 1942 年的约 250 万个下降到 1963 年的约 180 万个。[27]

人口外流

农场的整合，加上农村居民对提高生活水平的渴望，促使大量人口从乡下向工业重镇和城市中心迁移。自 19 世纪 30 年代工业化以来，法国的农村人口外流潮时涨时落，但流速在加快。1931 年，首次有一半的人口登记为城市人口。1921—1936 年，平均每年有 8 万人离开乡下。1949—1959 年，这个数字几乎翻了一番，达到每年 15 万人。[28] 此外，战后长期外流的农村人口主要是农业人口，也就是说，离开者绝大部分来自农业部门。[29] 1954—1962 年，在拿薪水的农业劳工中，25% 的男性和 43% 的女性放弃了农场的工作。[30] 多年以来，失地的农场工人一直在离开土地，而此时个体农民的子女也加入了他们的行列，以期过上与父母不同的生活。1955 年还在从事农业的 15—19 岁的男孩，到 1962 年已经有一半离开。[31]

妇女和女孩也大批离开农村和农业。亨利·芒德拉指出，虽然个体农民会希望至少有一个儿子继承家业，但大多数母亲会鼓励女儿离开。1964 年，社会学家埃德加·莫兰在布列塔尼进行实地调查时发现，女性对乡下生活的不满，会促使男性将改善住宅作为农场现代化的一部分。对于女孩和年轻女性来说，想要住进有洗衣机和新式厨房的体面房子，可能会成为她们决定前往城市的第一个理由。[32]

　　这些年里的人口流动浪潮可谓前所未有，共有 240 万人离开乡下，去行政部门、商业和服务业，以及受到战后经济繁荣刺激的行业（建筑、化工、电力和工程）找工作。在这些年里，也有 130 万人退休后返回故土，表明他们依然留恋自己的家乡。但他们的回归并不能抵消农村社区的瓦解，因为年轻人已离开农场，而店主、工匠和工人也随之离开了小镇和村庄。[33]

　　诗人让·费拉也是一位创作歌手，他的歌曲《群山》在 1964 年很流行，其中便凄婉地提到了这种离别。费拉唱到了城市的诱惑（"长久以来，他们梦想着一窥城市的秘密，那里有富美家* 和电影院"）。他带着遗憾描述农民的儿女们为了当上警察或公务员、住进有补贴的公房、吃上激素喂养的鸡肉，不惜放弃原来的生活方式（猎鸟、吃山羊奶酪、自己酿葡萄酒）。费拉对这个不断变化的世界有着切身体会。他的父亲是犹太人，为了躲避俄国对少数族群的大屠杀，在 1905 年来到巴黎定居。他的母亲则来自奥弗涅的一个小村庄，那里属于克莱蒙−费朗的南部。1942 年夏天，十二岁的小费拉前往母亲的叔叔家避难过一段时间，而他的父亲遭到维希当局逮捕，并被送往奥斯威辛集中营，最后死在那里。1964

---

* 　成立于 1913 年的美国表面饰材公司，尤其以美耐板知名。

年，费拉在邻近的塞文山脉地区买了一栋房子，并于 20
世纪 70 年代中期永久定居于此。[34]

赢家和输家

　　在那些仍然没有离开的农民中，成功适应生产主义
（productivism）新时代的农民与依靠经营边缘农场勉强
过活（如果他们还继续务农）的农民之间，出现了明显
的分野。圣卢普位于沙特尔附近富饶的博斯平原，该地
的农场主埃弗拉伊姆·格雷纳杜在 1966 年成为全国公
认的现代化农民成功的象征。在回忆录中，这位运货马
车夫的儿子讲述了自己的致富之路。1950 年，他买了
一台崭新的兰茨拖拉机，以换掉购于 1926 年的破旧的
二手福特森拖拉机 *，并卖掉了一半的马。1957 年，在当
地 SAFER 的主持下，圣卢普市镇将 1000 公顷耕地从
3000 块整合成 300 块，令其更适合机械化耕作。格雷
纳杜卖掉了余下的马，并减少了雇工的人数。1966 年，
六十九岁的他凭借一台联合收割机、一台玉米收割机和

---

*　福特森是福特公司于第一次世界大战结束后不久推出的拖拉机品牌，
　　具有价格优势。然而，其他制造商也开始采用同样的技术，并提供
　　能够种植行播作物的产品。到 1928 年，福特森的销量已经越来越少，
　　以至于亨利·福特决定退出拖拉机行业。

六台拖拉机耕种170公顷的土地，并期待着在农业中学就读的孙子能接他的班。退休后的格雷纳杜在回顾自己取得的成就时，既满意又自豪。[35]

对于洛泽尔高原上那些饱受风吹日晒、不得不与环境苦斗的小农户和牧羊人来说，情况则完全不同。1960年，在电影《大地上的无名者》中，马里奥·鲁斯波利深入田间地头，或者走入农民的家中同他们交谈。剧烈的变化冲击着这些农民的生活，他们焦虑地寻思着该如何适应。在用长柄大镰刀割草的间歇，三位农民看着下方一对老夫妇费力地用一组牛犁着一块陡峭而狭窄的地，评估着在陡坡上使用拖拉机的可行性。这三个人思考的是如何在他们所珍视的独立与组建合作社的需求（为了更好地销售他们饲养的牛）之间取得平衡。

电影还拍到三兄弟在灯光昏暗的农舍里围着桌子低声交谈，从而揭示了农民社会要想延续下去所遇到的一个最让人头疼、最棘手的障碍。他们中无一人能找到结婚的对象。带着羞愧的神情，他们以无奈的语气讲述了农民的女儿们如何抗拒农民的生活："即使我们盖起了很现代的房子，她们还是会离开。"比起男性，女性会更快地融入城市生活。"女孩子比我们小伙子要更成熟，这就是为什么她们看到那些来这里度夏的女人是怎么打扮的，会跟着模仿起来。""她们不想做农民的妻子，觉得这很丢脸。"[36]

社会学家皮埃尔·布尔迪厄来自比利牛斯山山脚下的贝阿恩地区，大约同一时期，他在他的家乡观察到不受欢迎的单身汉是如何在圣诞舞会上被羞辱的。这里的女性也更快地打扮成了城市风格，而男性的话，他们也许可以实现耕作方式的现代化，但仍无法摆脱"农民相"。看到当地女性穿着城市风格的衣服，来自小村庄的年轻人不免开始为自己的"农民性"感到羞耻——不仅是衣着、举止和风度，甚至还有他们的身体。[37] 对于鲁斯波利镜头中的三兄弟和布尔迪厄笔下的贝阿恩农民来说，无法结婚也就意味着无法将土地传给自己的孩子，而再也没有什么比这更赤裸地表明他们的生活方式将无法维系下去。[38]

许多法国农民意识到，他们不仅落后于城里人，有时甚至落后于法国和西欧其他地区的农民。[39]1952 年，作为教育电视最早的尝试之一，埃纳省的农村居民一起观看了一部关于农村社会危机的电视系列片，共 13 集，叫《紧急状态》。该片刻画了一系列迫切需要，如改善农村妇女的工作条件和农村住房状况、提高农业劳动机械化程度，以及增加银行贷款机会。[40] 战争已经为农民提供了对比自身生存状况的经历。一些当过战俘的人，曾在德国看到过室内管道系统和更为现代化的农场。[41]20 世纪 50 年代初，随着带薪休假的范围扩大到所有工人，加上汽车的普及，乡村旅游和露营蔚然成风。通过

"法国度假屋"（Gîtes de France）这个新组织，农民们可以用农场来提供廉价的度假租赁服务，但他们提供的住宿条件必须达到该组织规定的基本舒适度。城市度假者的期待，以及城市亲戚、退休人员和次要住所购买者的相对富裕，凸显了农村生活的贫乏，并刺激了农民对消费舒适物（consumer amenities）和舒适的渴望。

无论法国城市的住房危机有多么可怕，农村的住房条件都要更为糟糕。1946 年，在法国西南部的农场长大的乔治·鲁基耶回到故土，拍摄了获奖影片《法尔比克或四季》。制作影片的笔记显示，这个占地 20 公顷的农场没有电、自来水、废水排放口，谷仓前的空地上也没有粪池。为满足拍摄需要，摄制组还得费尽周折自己发电。事实上，只是因为摄制组承诺了给农场安装电力设备，鲁基耶的家人才最终同意参与拍摄。[42]

1950—1951 年，美国学者劳伦斯·威利在普罗旺斯的鲁西永村待了一段时光，农民住房的整体"寒酸"（与美国相比）令他感到震惊，即便这个地区的现代农场主已经靠为城市种植农产品而变得相对富裕。他指出，他们的房屋"看不到一点现代的痕迹——没有镀铬，没有搪瓷，没有电冰箱，没有深冻冰柜，没有白色的厨房，没有亮丽的浴室"。[43] 在两次世界大战之间的那些年，除了用混凝土地板取代土地板，以及提供基本的电力之外，法国的大部分地区就没有什么发展可言。[44] 每个地区的情况各不相同：1958 年，布列塔尼地区 45% 的房屋仍使用土地板，而在利穆赞地区，15% 的房屋仍使用煤气灯照明，或者仅在餐桌上方安装一个低功率的电灯泡。即使提供了电力，程度也可能非常有限：一个农场可能有足够的电流来为房屋和谷仓照明，但不足以驱动农业机械。电台主持人达尼埃尔·梅尔梅回忆说，都已经到了 1968 年，法国东南部阿尔代什省的农民用来灌溉蔬菜地的一台发电机，还是用盟军留下的残旧设备制造的。[45]1964 年，40% 以上的农村住房还没有通自来水，而巴黎大区的这一数字仅为 6.8%。[46]农民们乐于告诉来访的记者："我们不想再住在简陋的小屋里了。"[47]

年轻的现代化者

全国各地的农民都痛苦地意识到，尽管自己付出了巨大的努力，农业产量也取得了惊人的增长，但他们并没有分享到国家日益繁荣的好处。1949—1962 年间，农业生产力每年增长 6.4%，而整体经济的增长率仅为 5.2%。虽然农民占劳动人口的 25%，但他们的收入仅占国民收入的 12%。许多人都在为偿还贷款和养家糊口而挣扎。1952 年，每五个农场主中，就有两个挣不到法国劳动法保障的最低工资，而产业工人的工资却在上涨，这让农场主更有理由加入逃离农村的行列。[48] 到 1960 年，技术革新和土地整合加剧了仍在从事多作物种植的广大农场主跟法国北部、东部经营生产谷物和乳品的大型农场的同行之间的差距。[49] 1959 年，56% 的法国农场面积仍小于 10 公顷。从土地整合中受益的主要是规模较大的农场，以及全国农业经营者工会联合会（FNSEA）的主导者——该联合会是法国最大的农业辛迪加，有着社团主义（corporatism）的结构，立场保守。[50]

收入不平等带来的刺痛，以及生计受到的威胁，激发了新一代年轻个体农民投身现代化的积极性。他们成立了全国青年农场主协会（CNJA），以争取被承认为现代专业人士，并争取可以更公平地获得土地。[51] 法国政府和这两个最大的农业辛迪加（FNSEA 和 CNJA）都将注意力放在那些能够满足现代化要求的农场主身上。1957 年《罗马条约》通过，法国加入欧洲经济共同体，这迫使法国农场主在欧洲范围内竞争，而这种倾斜的情况只会随之愈演愈烈。法国年轻农场主的挫败感在 1961 年夏天达到爆发点，当时正是阿尔及利亚危机最严重的时候，朗格多克的葡萄种植者、布列塔尼的菜蓟种植者和奶农举行了声势浩大的抗议活动。许多抗议者曾在北非服过兵役，为了引起公众对他们困境的关注，一些人扬言要使用阿尔及利亚抵抗运动的游击战术。[52]

现代化动力的加强和农民辛迪加组织的动员，合力推动了戴高乐政府采取措施支持年轻的农场主，并帮助中型家庭农场渡过难关。同时，政府坚持要求农场主提高农业生产力。戴高乐政权超越了20世纪50年代杂乱无章的现代化进程，经过与 FNSEA 和 CNJA 协商，在1960年和1962年制定了全面的农场法案，其中包括一系列改革和创举，旨在保护本可能会被淘汰出局的中型农场。受到青睐的生产模式变成了由个体农场主（假定为已婚男性）集约式地经营一座中型农场，为食品工业生产商品。这一战略的必然结果是小农阶层被进一步削弱。[53] 事实上，可以认为，20世纪五六十年代法国剧变的社会后果，与其说是"农民的终结"，不如说是农民被再造为一个由农业专业人士组成的、拥有自己精英的社会阶层。[54]

法国新景观？

农民的再造只是"辉煌三十年"期间对农村和城市空间进行更广泛的重新配置的种种尝试之一。对于 CGP 的政府规划者和专家来说，现代化这一紧迫任务，亟需一项由国家发起的、在全国范围内开展的、有针对性的投资和发展计划。他们宣称的目标是促进城乡之间和地

区之间在经济繁荣和人口方面的合理平衡。为此，他们
寻求将大区作为一个政治和地理概念加以振兴，并将工
业生产、公共管理、大学教育和旅游等不同领域的权力
下放。在这一过程中，法国政府对农村土地的利用和开
发采取了一种方法，而农村不再以农业和从事农业者的
利益来定义。

地理学家让-弗朗索瓦·格拉维耶为这一计划播下
了种子，在他看来，农村人口大量外流的趋势表明国家
存在着结构性的问题，其影响不止农民社会的消亡这么
简单。1947 年，格拉维耶在一项研究中敲响了警钟，
而这项研究对决策者产生了直接影响。《巴黎与法国
沙漠》有力地论证了巴黎这座特大都市正在虹吸国家
的经济和人力资源，导致全国三分之二的土地丧失生
机。为了创造"新的法国景观"，格拉维耶提出了"国
土整治"的方法，所谓整治，指安排、开发和改善。
最重要的是，"国土整治"主张合理利用空间，以实
现"国土的平衡"。[55]

国土整治的概念最早出现于 20 世纪中叶德国占领
法国期间，来自一帮城市学家、工程师、商界领袖、高
级公务员，以及对 20 世纪二三十年代法国的法西斯思
想、维希政权的智识和意识形态潮流抱有同情的学者。
比如，让-弗朗索瓦·格拉维耶便积极支持"民族革命"，
并在维希政权担任过各种行政和研究职务。战争结束后，

他于 1945 年进入重建部，1950—1965 年一直在现代化与基础设施国家规划委员会工作。[56] 维希政权的国土整治支持者在第四共和国时期继续得到任用，加上"辉煌三十年"期间整治的范围、规模、技术先进性、实施速度皆令人瞩目，导致法国的景观经过重塑之后，与战前世界在物质和空间上形成了无法否认的断裂。

1950 年，重建与城市化部部长欧仁·克洛迪于斯-珀蒂启动了一项国家计划，目标是"基于自然资源和经济活动，让人口分布更合理"，而格拉维耶的提议也就此成了政策。[57] 对于最初主要侧重于提高产量的 CGP 来说，空间考量是其制定的多年期计划的重要组成部分。[58] 1963 年，推动国土平衡这一政策的工作，有了自己的政府机构。该机构被称为"国土整治与地区发展局"（DATAR），隶属于总理办公室。

20 世纪 60 年代，由戴高乐担任总统的第五共和国颁布了《国土整治法》，该法具有解决争论不休的国土问题的政治效价（political valence）。在 1940 年法国屈辱地向纳粹德国投降，政府与占领军的合作引发势如水火的分歧和内部冲突之后，这一政策可以强有力地将国民团结在一起，以恢复法兰西的民族辉煌和政治稳定。这种对国家领土的重新思考也是有鉴于当时的去殖民化危机。阿尔及利亚于 1962 年赢得独立后，国土整治成为一项后殖民计划，目标是拥抱一个在空间配置上呈"六

边形"（the hexagon）的法国——这是一个在 20 世纪
60 年代为法国创造的术语，为的是反映帝国的丧失。[59]
格拉维耶在 1948 年便预言了这一转变："真正的冒险，
开拓者和建设者的冒险，不再发生在大洋彼岸，而是发
生在我们自己的土地上。"[60] 这种将法国领土缩退到欧
洲大陆的设想，使得后殖民时代的法国可以适应欧洲一
体化的进程，以及应对美国主导地位的威胁。

地区发展和国土平衡的优先事项，最初是根据 CGP
的多年期计划及重建与城市化部所确立的目标而敲定
的。尽管公开承诺要平衡工业与农业，但比起农业的需
求或农业主义的信条，城市规划和工业分散化的目标更
有力地形塑了国土整治的政策。[61] 战争结束后，法国面
临着严重的住房短缺，需要重建城市结构。结果，城市
而非农村地区，成为战后现代化和国土平衡的主要重点。

通过给离开巴黎的私人企业提供补贴、在外省建
立新工厂，以及将国有汽车和航空工业迁离首都等方
式，国家将经济投资引向 9 个新指定的"平衡大都市"
（métropoles d'équilibre）。[62] 尽管依照指导重建的法律，
将战争毁坏的建筑恢复为原有的风格可以得到资助，但
一些遭受过严重轰炸的城市，或者由现代派城市规划师
来进行修复，或者在这些现代派的主导下完全重建（比
如勒阿弗尔市中心）。战后由国家主导的大规模城市化
的标志，是 20 世纪 50 年代在巴黎和所有主要大区首府

的外围兴建的、由公共财政资助的大规模住宅区,以及随后在 20 世纪 60 年代由国家规划的新城镇开发。[63]

城市和工业发展的活力,凸显了翻新和扩建交通基础设施的必要性。在个人拥有汽车数量日益增加这一趋势的推动下,政府于 1955 年通过一项计划,以建立一张全国性的高速公路网。[64]高速公路的修建是为了缓解马赛(1951 年)和里昂(1952 年)等城市内部,以及地区大都市之间交通繁忙路段的拥堵状况。1957 年,一条穿越罗讷河流域的高速公路开始建设,并被纳入巴黎-里昂高速公路。这条南北向的主干线于 1962 年动工,1970 年竣工,最终从北部的里尔一直通到地中海沿岸的马赛。[65]20 世纪 60 年代,为了分散工业生产,打破贫穷地区的闭塞状态,在 DATAR 的推动下,高速公路的建设一改之前沿着既有铁路和公路干线开展的做法,转而在乡村地区开辟新的道路。这些公路标志着自 19 世纪修建铁路以来,首个纵贯全国的新基础设施的建成。[66]

法国政府也将其现代化的热情对准了乡村景观。DATAR 监督着 7 个地区开发公司,这些公司承担的工程包括给大西洋沿岸的沼泽地排水、在东部增加耕地面积、在加斯科尼的山腹建造水坝,以及提高朗德森林的产出。[67]因国土平衡而被开发和改造得最显著的乡村景观,是下罗讷河(里昂至地中海)的河景,以及其西岸的朗格多克地区的海岸线。为了满足法国前所未有的工业扩张对能源的需求，国有的法国电力公司（EDF）在莱茵河、罗讷河、迪朗斯河，以及阿尔卑斯山、中央高原和比利牛斯山修建了水电大坝。[68] 20世纪50年代，美国原子能委员会和法国电力公司合作，在罗讷河谷建造核反应堆。[69] 在下罗讷河与朗格多克大区国家开发公司（BRL）的主持下，罗讷河被疏浚、改道和筑坝，用于水力发电、冷却核反应堆、灌溉南部和中部河谷（作为农业改良的一部分），以及向东地中海地区的沿海城镇和城市输送饮用水和工业用水。长距离的运河改变了朗格多克-鲁西永干旱平原的农业经济。农场主本来只种植用于生产廉价散装红酒的葡萄，现在他们转向了更有利可图的果蔬种植。[70]

《巴黎与法国沙漠》预言，地区发展将振兴乡村腹地。耕作技术的现代化、土地整合，以及公共交通和电视信号等城市生活舒适物的提供，将使得农村人口不再外流。格拉维耶说，这些进步意味着"乡下人将不再是二等公民"。[71] 实际上，国土整治优先考虑的是与农业利益相冲突的项目和力量。尽管20世纪五六十年代，DATAR的决策者们作出了改善农村条件的姿态，声称要掀起一场"无声的革命"，予农民以现代化，但他们无意促进农业至上的土地使用方式，而后者是长期以来的做法。[72] 他们更多的是致力于开发农村地区，而不是关心生活在那里的农场主。1965 年，DATAR 的负责人把话说得再直白不过：

> 如果说在过去，农村世界等同于农场主的日常生活，农村是农业的同义词，那么随着时间的推移，这些术语之间的混淆将越来越不合理。农业不再是农村地区唯一的经济活动……农村世界也不再完全是田间劳作和土地生活。[73]

悖谬的是，就在法国成为农业和农业综合企业（agribusiness）方面的世界强国时，法国农场主却发现农村空间正日益受到种种需求的塑造，这些需求来自一个快速工业化和城市化的社会。[74]决策者和公众对农村空间提出的新需求，包括将其用于居住、旅游和休闲，用于建立自然保护区和发展工业。他们将乡村重塑为多用途景观——往往是为了住在其他地方的人的利益。简而言之，不仅农场主不再是农民，乡村也不再只是农田。

多形态景观

服务于大众旅游的基础设施建设，为土地使用和开发在优先次序上发生的巨大转变，提供了鲜明的例证。

20 世纪 60 年代，为了与北边的"蓝色海岸"竞争，朗
格多克地区的 DATAR 开发了 200 公里长的东地中海海
岸线，用于大众旅游。沿岸的湿地潟湖被排干以消灭蚊
虫，而露营者和渔民经常光顾的沿海平原和沙丘成了大
型度假村的所在地，如拉格朗德莫特——现代主义建筑
的一次壮观实验。20 世纪 60 年代初，DATAR 还推动
了大型滑雪胜地拉普拉涅的开发，该地位于法国西部萨
瓦的阿尔卑斯山脉间。这些新的旅游和休闲场所，往往
包括了生产性景观（working landscape）。

　　战后对景观的重新配置，还包括将某些空间划分为
自然的、脆弱的、需要保护的所在。虽然 19 世纪的民
间组织和自然协会已经在倡导自然保护，但直到 20 世
纪 60 年代，环境意识才进入主流的政治和文化生活。[75]
1963 年，在萨瓦第一批大型滑雪度假村的边上，法国
政府建立了第一座国家公园——瓦努瓦斯国家公园。这
座公园将一片生产性景观变成了一处因其地质和外观之
美而受到重视的自然环境。三年后，国土整治与地区发
展局为建立地区公园网络奠定了基础，该网络旨在为大
城市生活的弊病提供一剂解药，延缓贫穷农村社区的进
一步衰弱，并保护拥有自然美感和生态价值的地方。[76]
那些农业产量微不足道但风景如画的地方，因其自然美
景和乡村遗产而被重新估价。[77]

　　尽管保护自然成为新的侧重点，但在法国，文化与

自然仍然密不可分。与崇尚野趣的美国国家公园不同，
法国人对理想景观的看法，仍然是由数个世纪的农耕经
验形塑而成的。在战后几十年中，法国以农耕地区的景
观为核心，成功发展了国际大众旅游业，将旅游目的地
从巴黎、"蓝色海岸"和卢瓦尔河边的城堡扩展到普罗
旺斯地区的穷乡僻壤。[78] 战后对乡村景观的价值重估并
非完全是功利性的。对现代化和经济发展的全力追求，
定然会让农村生活和土地本身承受后果，法国于 20 世
纪 60 年代兴起的环保运动，便是源于对这种后果的日
益担忧。[79] 1973 年 7 月，由个体农民、工人、回归土地
者和环保主义者组成的数千名抗议者，徒步去到中央高
原南部的拉尔扎克高原。这场运动是为了保卫当地的羊
农，政府威胁要征用他们的土地来扩建军事训练场。法
国环保主义历史上具有里程碑意义的事件包括：1971 年
成立自然与环境保护部；1973 年在拉尔扎克高原举行
了第一次大规模抗议活动；1974 年勒内·迪蒙成为首位
以环保主义为纲领参加竞选的总统候选人。拉尔扎克高
原上的抵抗运动得到了全国的支持，环保主义者、回归
土地运动、地区主义者和反对全球化的群体都予以了声
援——这些群体因为对农村生活和景观的由衷依恋而紧
密联系在一起。

　　法国农民文明的瓦解和农村景观的转变，在 20 世
纪 50 年代便已开始，但直到 20 世纪 60 年代人们才能

充分感受到这一点。到了 20 世纪七八十年代，它才引起广泛的关注。来自各个社会阶层和职业的法国人，不论是城里的还是乡下的，都纷纷作出回应，什么样的感情都有。报刊、广播电视节目、精英文化和大众文化传播着失去生计者的愤怒和绝望、反主流文化青年对进步的矛盾心理、对一个逝去时代的怀念、对即将失去的恐惧、遗憾、不甘——但也接受。

对于现代化给这个此时仍以农村为主的国家造成的伤害，戴高乐也表示了痛心。1960 年，他还劝告自己的公民同胞去迎接现代化的挑战。然而仅仅十年之后，他却在回忆录中对现代化带来的影响表示惋惜：

> 目睹农村社会逐渐走向消亡，我这个人怎能不为之动容和担忧？这个悠久的社会是靠世世代代的劳作建立的，并被其传统包围着；这个世界有着不变的村庄、古老的教堂和亲密无间的家庭，犁耕、播种和收获永恒地循环着；这片土地上有着祖先的传说、民间歌舞、地方方言、服饰和市集；这个老年的法国，从本性、活动和精神而言，基本上是农村的。[80]

在对田园生活的赞美中，戴高乐呼吁他的听众将过去理解为象征（symbolic），将农民理解为比喻

（figurative）。与其说他在重构过去或者抓住现实，不如说他是在法国人的想象中创造一部乡村田园诗。

然而，法国人继续跟农村的过去与未来建立连接。他们不只将农村视为一个充满象征意义的抽象概念，而且将其当作一个可以居住、可以用文字和图像来表现的实体场所。接下来的几章探讨了在乡村居住和表现乡村的新方式，这些方式坚持认为，农村生活和景观仍然是构成和体验现代和后现代生活的核心。

第二章

第二家园

作为乡村度假胜地的农宅

20世纪五六十年代，随着农民、店主和工匠放弃乡村，他们的身后留下大量的老房子和农业建筑。很快，木板搭建的农舍和弃置的谷仓吸引了很多人，其中既有继承了原籍家产的城市居民，也有希望购买度假屋的日益壮大的城市中产阶级。[1]从20世纪60年代初到20世纪80年代中期，好多城市居民都想拥有农舍和谷仓作为次要住所。这股空前高涨的热潮使得法国乡村既成了城市居民休闲的场所，也成了他们想象法国过去的地方。

到20世纪70年代末，对农宅的迷恋，成为法国社会激进现代化进程的一个很悖谬的特征。在"辉煌三十年"期间，法国的城市和乡村地区都乐意接纳消费社会的成果。但快速的进步也引发了城市居民的怀旧之情，让他们拥抱起传统农民社会那些切实可感的遗迹。传统似乎也是可以消费的。

当然，拥有次要住所依然是一种特权，但它已然成为普遍的渴望。[2]1966 年，法国国家统计与经济研究所（INSEE）发现，90% 的法国人没有次要住所，但在这些人中，有 51% 的人想要有一处。即使在 20 世纪 70 年代房价上涨的时候，法国公共舆论研究所（IFOP）的一项民意调查仍然显示，有 50% 的城市居民在回答"您是否梦想去乡下居住"这个问题时选择"是"。[3]1978 年，法国成为世界上人均拥有第二家园最多的国家。《快报》周刊将其描述为"法国人对最不起眼的诺曼底茅草屋、塞文山脉的羊圈或最简陋的普罗旺斯农舍有着无可抗拒的迷恋"。[4]购买或继承农民的房子来消费农村，成为法国战后文化的一大特征。自 19 世纪中叶以来，如磁铁一般的吸引力，使得巴黎成为世界上游客最多的城市，但在 20 世纪末，居住在法国乡村，已成为国际共享的梦想和实践。[5]

本章探讨了大规模拥有农村次要住所这一现象的起源，阐述了是什么样的经济社会发展因素，使这种大规模所有成为可能，并刺激了旧房（往往是残破不堪的房屋）市场的出现。本章并没有将这些因素（factor）作为这一趋势的先天原因（a priori reason），而是同时探讨了情感需求和消费欲望如何让许多城市居民对修缮破旧的农民房或农业建筑情有独钟。本章将第二家园的现象跟环保运动的发展联系起来，因为关注农村保护的组织与农民、环保主义者找到了共同的事业。

次要住所的普及，促进了农村地区新的消费和流动模式的形成，也有助于形塑城乡之间不断演变的差异。悖谬的是，尽管人们可能认为乡村是一个稳定的实体，但事实上它一直在变化。

在 1953 年开始的战后总体繁荣中，农场主们基本上被排除在外，而城市工薪阶层的可支配收入却大幅增加。[6]许多城里人口袋里有了钱，就想着去远离尘嚣的农村寻找农民的房子，买下后好好修整一番。在这里他们既可以躲避城市的拥塞，又能享受战后经济扩张带来的闲暇时光。还有一些人的父母是从农村出去的，而他们作为第二代移民，在城市里发展得很好。现在这些新城里人可以选择在乡下保留一栋继承下来的房子，作为度假的地方。

1946 年，法国国家统计与经济研究所创造了"次要住所"（résidence secondaires）这个术语。在随后的几十年中，这种住宅的数量呈爆炸式增长。[7]1954 年的统计调查结果为 49.8 万。到 1962 年，这一数字几乎翻了一番，达到 97.3 万；到 1968 年，达到 123.2 万；1977 年则为 160 万。[8]1978 年，官方统计显示法国有 180 万处次要住所，也即意味着，每 32 个居民中，就有一个人有一处次要住所。[9]事实上，除了美国（人口为法国的四倍）之外，没有哪个国家比法国拥有更多的度假屋。

次要住所的形式多种多样：海滨别墅、乡村别墅、城堡、公寓、分时度假屋、平房、山间小屋。[10]然而，购买次要住所这一现象的迅猛发展是在20世纪六七十年代，而这一阶段，大多数人购买的是远离海岸或山区的乡间房屋。1967年，法国国家统计与经济研究所的统计数据显示，近三分之二（62%）的次要住所都位于乡村，超过四分之三的次要住所属于城里人（指人口超过2万的城市中的居民），三分之一的所有者是巴黎人。[11]

1966年，一家专门报道农村第二家园的杂志评论道："可以说，总体而言，公众都青睐小农场。在半残破的状态下买来这些房屋，然后自己动手修整，是一种放松的方式。"[12]这绝非一时的风尚。[13]1979年，《观点》新闻周刊将翻新旧农舍描述为"法国城市人的永久梦想"。"不管现在还是将来，对于我们的同胞来说，一座坐落在乡间深处中心地带的"（与主人的家的平均距离为253公里），"有待于修缮的旧棚屋，代表着'理想栖息地'的原型，梦想中的'真实生活'的壁炉"。[14]

拥有乡间别墅的传统在城市精英中由来已久。17—

18 世纪，贵族们在迁居巴黎或凡尔赛时，会保留他们在农村的宅邸。18—19 世纪，乡间别墅环绕着鲁昂、波尔多、里昂和蒙彼利埃等省会城市发展起来。1820 年后，随着巴黎工业化程度的提升，首都附近和延伸到城外的铁路沿线兴建了大量乡间别墅。交通网络使得乡下成为布尔乔亚和城市工人一日游的目的地。尽管如此，拥有一座"行宫"（maison de plaisance）仍然是富裕阶层的特权。[15]

　　20 世纪 60 年代，这种局面发生了巨大变化。随着交通条件的改善，寻求第二家园的人们把目光从大城市的郊区推向被称为"深层法国"的内陆深处。农村人口的外流大大增加了可成为第二家园的传统农村建筑的数量。在乡下购置第二家园的人越来越多，人群范围也越来越广。以社会-职业地位为划分标准，对所有类型的次要住所的拥有率进行统计，结果显示，"拥有次要住所"实打实是个中产阶级现象：至少一半人从事律师、医生等自由职业，或者来自产业界的上层；只有 9% 的人是雇员；4% 的人是工人。[16] 但是，农村（区别于海边、山区或城市）房屋所有权的统计数据表明，所有者的范围要更广。1970 年，大多数（约占五分之三）的房屋是由收入水平普遍较高的城市居民购买的，但其余 40% 的房子是由城市工人阶级和中下层阶级继承的。这些人本可以把房产卖掉，却选择将其修葺一新，作为家庭的

"行宫"。[17] 不问社会阶层，法国的城里人都渴望在乡下给自己一席之地。农村次要住所已成为事实上的大众现象，而不仅仅是幻想。[18]

猎房

全国性的报纸和杂志（包括妇女杂志和专业杂志），以及电台和电视广播，都会报道城里人到了春天的周末便四散而出，去乡下"猎寻小农舍"的故事。这类报道反过来推动了这一潮流。[19]1967 年，一档专门介绍田园生活的流行广播节目的主持人谈到这种追逐的快感："在路上，城里人像着了魔一样地寻找新鲜的空气，以及他们梦想中的小木屋。"[20] 据《农舍与次要住所》杂志报道，到 1966 年，巴黎方圆 80 公里内所有可以修缮的旧农舍都已经有了买家。20 世纪 50 年代中期，可以便捷地前往南方高速公路（从巴黎到里昂）的农舍价值六七千法郎，而十年后，这种农舍的价格是之前的十倍。现在，巴黎人需要烧高香，才能在离市区 150 公里的地方找到一处旧农舍。距离更远的农舍则需要开两个多小时的车。

随着房价的上涨，诺曼底、卢瓦尔河谷和图赖讷变得更有诱惑力。[21] 能方便地往返于次要住所与法定住所之间，对于房主来说仍然是最重要的。尽管如此，巴黎人在距离太远、不方便周末出行的乡下拥有一套房子的情况并不少见，因为首都吸引了来自全国各地的人。在法国其他地区，50% 拥有第二居所的人，生活在离这第二个住处不到 70 公里的地方。[22]

农村次要住所主要集中在巴黎近郊的一些省份，那里新近经历了农村人口的外流，如约讷省、涅夫勒省、谢尔省、安德尔省，以及诺曼底大区的部分省。到 1975 年，次要住所占全国住宅总数的 10%，而在靠近首都的地区，这一数字为 11%—19%。到 20 世纪 60 年代末，猎房者开始进入先前被认为过于遥远、偏僻或缺乏基本的舒适物和服务的地区，如普罗旺斯的边远地区、中央高原和比利牛斯山。[23] 在位于东南部和中央高原的那些人口严重稀少的省份，数据更加明显。例如，在阿尔代什省、洛泽尔省和上卢瓦尔省，次要住所占到所有住宅的 16%—24%。[24]

显然，许多因素促成了农村次要住所的激增。1945—1958 年间，法国的家庭消费总额增长了 45%，而这一增速之所以成为可能，主要是因为轻易便可获得的信贷的扩张。[25] 起初，法国消费者将他们新的购买力集中在提升家庭舒适度上，为他们的主要住所配备了现代家电。[26] 然后他们买起了汽车。[27] 只有在汽车普及之后，才可能出现"猎寻小农舍"的现象。1949—1965 年，汽车的数量从 130 万辆增加到 840 万辆。[28]20 世纪

表 2.1 1968 年法国各省的农村第二居所*

位于该省的农村第二居所数量（单位：间/100间主要住所）	省名	省份数量
30以上	伊夫林、塞纳—马恩、涅夫勒、萨瓦、上普罗旺斯阿尔卑斯、上阿尔卑斯、滨海阿尔卑斯、瓦尔、上卢瓦尔、洛泽尔、阿列日	13
20—30	厄尔、厄尔—卢瓦、卢瓦雷、埃松、瓦兹河谷、克勒兹、多姆山、卢瓦尔、罗讷、安、伊泽尔、阿尔代什、康塔尔、东比利牛斯	15
10—20	埃纳、索姆、瓦兹、滨海塞纳、卡尔瓦多斯、奥恩、芒什、阿摩尔滨海、菲尼斯泰尔、莫尔比昂、卢瓦尔—大西洋、旺代、滨海夏朗德、卢瓦尔—谢尔、安德尔—卢瓦尔、谢尔、阿列、罗讷河口、索恩—卢瓦尔、汝拉、科多尔、杜、上索恩、孚日、上马恩、奥布、塔恩、德龙、加尔、埃罗、阿韦龙、奥德、上加龙、上比利牛斯、塔恩—加龙、多尔多涅、科雷兹、维埃纳、上维埃纳	42
0—10	加来海峡、诺尔、阿登、马恩、默兹、默尔特—摩泽尔、摩泽尔、下莱茵、上莱茵、贝尔福地区、伊勒—维莱讷、马耶讷、萨尔特、曼恩—卢瓦尔、德塞夫勒、夏朗德、朗德、比利牛斯—大西洋、热尔、洛特—加龙、上科西嘉、南科西嘉	22

* 数据来自法国国家统计与经济研究所，RGP 1968。引用自 F. 克里比耶，《农村研究》，1973。

表 2.2 1990 年法国各省的农村第二居所*

位于该省的农村第二居所数量（单位：间/100间主要住所）	省名	省份数量
30 以上	约讷、涅夫勒、上萨瓦、萨瓦、伊泽尔、上阿尔卑斯、上普罗旺斯阿尔卑斯、滨海阿尔卑斯、瓦尔、南科西嘉、上科西嘉、奥德、东比利牛斯、阿列日、上比利牛斯、滨海夏朗德、克勒兹、多姆山、上卢瓦代什、洛泽尔、康塔尔、科雷兹、洛特、阿韦龙	25
20—30	索姆、厄尔-卢瓦尔、奥恩、芒什、卢瓦雷、马恩、安德尔、阿列、索恩-卢瓦尔、科多尔、汝拉、卢瓦尔、德龙、加尔、埃罗、塔恩、朗德、吉伦特、多尔多涅、上维埃纳、旺代、菲尼斯泰尔、阿摩尔滨海	26
10—20	滨海塞纳、瓦兹、伊夫林、埃松、塞纳-马恩、奥布、上马恩、默兹、阿登、埃纳、上索恩、杜、孚日、卡尔瓦多斯、伊勒-维莱讷、马耶讷、萨尔特、安德尔-卢瓦尔、维埃纳、德塞夫勒、夏朗德、卢瓦尔-大西洋、安、罗讷、比利牛斯-大西洋、热尔、上加龙、塔恩-加龙、洛特-加龙、罗讷河口	30
0—10	加来海峡、诺尔、摩泽尔、默尔特-摩泽尔、下莱茵、上莱茵、贝尔福地区、马恩、瓦兹河谷、莫尔比昂、曼恩-卢瓦尔	11

* 数据来自法国国家统计与经济研究所，RGP 1990。引用自 F. 柱博斯特，《第二居所》，DATAR，1973。

五六十年代期间，汽车从一种半奢侈品变成一项负担得起的消费支出。[29]

随着汽车保有量的增加，除了修建巴黎环城快道，使首都适应汽车交通之外，国家开始修建连接全国各大城市的高速公路。法国公路建设项目最密集的时期始于1953年南方高速公路破土动工，终于1973年巴黎环城快道竣工。高速公路不仅连接了各大城市，缩短了长途旅行的时间，也使驾车者能够迅速逃往乡下，转入小路，去寻找他们梦想中的农舍。

梦想家园

媒体对那些因农村人口外流而人烟稀少的小镇和村庄的报道，也刺激了次要住所的激增。[30] 最早得到报道的"废弃村庄"之一，是位于法国东南部一个与世隔绝的山谷中的奥皮埃尔村。1961年冬天，这个常年人口减少到8人的村子出现在电视上。记者走在空荡荡的街上，凝视着荒芜的农田，欣赏着漂亮的石头房子和村广场上的喷泉。全景镜头展示了村庄周围白雪皑皑的群山。解说员抑扬顿挫地说道："仔细听着，你也许就能实现你的人生梦想。"[31] "两天后，"镇长回忆道，"来自巴黎和里昂的汽车纷纷驶入教堂前的广场。三个月内，就有

50栋废弃的房屋找到了买家。"[32]类似的现象也发生在阿韦龙的一个村庄。在电台主持人皮埃尔·邦特采访过镇长后,镇公所收到了120多封来信。所有可以售出的房屋,不管条件如何,都卖出去了。[33]

这样的故事助长了人们购买和修缮农村房产的梦想。著名的家居杂志《玛丽·克莱尔之家》从1967年创刊起,主打的故事便是一个人如何以优惠的价格买到"梦想的废墟"(ruine de rêve)。作为知名女性月刊《玛丽·克莱尔》*的子刊,这本杂志是将女性的家居消费置于战后大众消费社会中心的众多出版物之一。在《我的农舍罗曼司》一文中,作者讲述了她是如何被一座花了9000法郎买下的破旧谷仓迷住的:"1960年一个阳光明媚的早晨,我第一次看到它……只用一眼,我就爱上了我的诺曼底农舍。"[34]几个月后,该杂志又刊登了一篇几乎完全相同的故事:

> 这是一处废弃的农场……在一片诺曼底的田野和苹果树中间,茅草屋顶下的四堵墙摇摇欲坠……

---

* 创刊于1937年,中文版名为《嘉人》。另,《玛丽·克莱尔》之名来自法国小说家玛格丽特·奥杜(1863—1937)的自传体小说。奥杜在布尔日的孤儿院长大,14岁时当牧羊女和农场仆人,晚上以阅读为避难所,18岁移居巴黎,在当裁缝和洗衣女工之余坚持写作。奥杜的《玛丽·克莱尔》于1910年出版,获得费米娜奖,销量超过10万册。

[他们]像所有城里人一样，喜爱满眼绿色、安宁
而平静的乡下。在诺曼底地区勘探了一年半后，[他
们]发现了一栋年久失修、残破不堪的建筑……对
它一见钟情。[35]

　　该杂志在 1967 年 7 月刊的封面，宣告当期的主题
是"你梦寐以求的茅草屋"，两个月后则是"我的布列
塔尼茅草屋"。[36] 1968 年 1 月刊以"复苏的农场"为题，
用六页彩色版面记录了巴黎东部一座破农舍的翻新工
程。[37] 接下来的一期介绍了普罗旺斯的一座小农场，其
两侧分别是羊圈和马厩。根据这期报道，这座农场现在
属于一位富有冒险精神的直升机飞行员。在一名工人和
周末来搭把手的朋友们的帮助下，他将农场改造成一座
朴素但别致的单身公寓。

　　专业家居杂志上的文章，不仅仅助长了人们对农
村生活的幻想，还会提供详细而实用的建议，让人
们知道应该去哪里、寻找什么。自称是"老房子探
险家"的记者兼摄影师皮埃尔·图桑在《玛丽·克莱尔
之家》开了十七年的专栏。在这个名叫"修缮老房子"
的专栏中，图桑通过展示法国尚未被发现的偏远乡村地
区的好房子来吸引读者："除了时髦的地区，法国依然是
一座蕴藏着让人心喜的老房子的宝库。这些房子售价合
理，易于修复。"[38]

　　图桑的专栏提供了一份法国农民乡土建筑的非正式清单，激发了人们想要拥有其中一部分的愿望。例如，1968年1月，图桑带领读者来到位于中央高原西南边缘的塔恩-加龙省。在这里，除了一座废弃村庄中的四栋可居住的房屋（0.35万至1.5万法郎），他还介绍了一座鸽舍（1.5万法郎）、一处供葡萄采摘者季节性使用的小屋（1万法郎）、"一处可以欣赏到美景的谷仓"（1万法郎）、一座磨坊（4万法郎）、一座俯临满是鳟鱼和小龙虾的小河的三居室农舍（0.7万法郎）。[39]同年4月，他推销了塞文山脉偏远山区一个荒村的11处房子。他的专栏会提供房产的照片、简练的描述、价格和联系信息，供有意购买者参考。从本质上讲，图桑是在为因农村人口外流而凋敝的地区做广告。当读者问他去哪里勘探时，他直言不讳："去那些人口减少的穷地方，像上阿尔卑斯省和下阿尔卑斯省、中央高原南部、上比利牛斯省。"[40]

　　记者兼作家罗贝尔·朗德里跟图桑一样热衷于在穷乡僻壤猎寻房屋的冒险活动，他在1970年出版的《荒村指南》中为这些地方招徕买家。朗德里所谓的荒村，具体指的是受到最近一波农村人口外流潮冲击的地方："在［过去的］三十年里，这些地方失去了大约一半的居民。"他指出，完全的"鬼城"极其少。虽然这样极度荒凉的村子确实存在，比如在上卢瓦尔省和德龙省的偏远地区，但它们并不能吸引第二家园的寻求者，因为他们需要基本服务和某种程度的人际交往。[41] 对于那些被"老农舍的臭虫"咬过的人，朗德里特别从九个省（主要位于法国南部和中央高原）选出村庄和与世隔绝的小村落来推荐。它们提供了他认为的理想组合：低廉的房地产价格、宜人的气候，以及距离地中海仅几个小时路程的地理位置。作为一位才华横溢的旅行作家，朗德里以 20 世纪 50 年代末那些进入法国南部偏远地区的"先驱"作为范例，鼓励读者们开启同样的浪漫冒险，以找到自己中意的地方。[42]

媒体报道无疑为这种梦想提供了养料，但正是那些可以从中赚取丰厚利润的人，系统性地创造了农民房屋的市场。作为负责确立产权和控制财产转让的官员，法国农村地区的公证人在开发尚未被利用的农村住房存量资源方面，具有得天独厚的优势。事实上，罗贝尔·朗德里给猎房者的最懂行的建议，就是避免在房地产中介那里浪费时间，直接去找公证人。朗德里敏锐地观察到，农村地区许多空置的农业建筑和房屋都受缚于遗产继承程序，因此公证人最了解当地待售或可能出售的房产的信息。他指出，毕竟"在公证人的见证下，每天都有大量的农舍易手"。[43]

蓬帕杜尔位于中央高原的利穆赞大区，让-米歇尔·雷利耶是该地的一位公证人。因农村人口外流而空置的乡间房屋在理财上的潜力，引起了他的注意。1967
年，雷利耶预测了政府主持的小块土地整合对当地房地
产市场的影响："农业人口的外流将使得大量的农村房屋
进入市场,而需求至少会以相同的比例增长。"[44]1965 年，
雷利耶成立了一个公证人组织（青年公证人运动），其
明确宗旨是在"迄今为止还少有人问津的、以贫穷著称
的地区"发展住房市场。[45]充当房产中介的公证人，似
乎并不关心导致这些房屋出现在市场上的大环境。对于
小农场的整合带来的农民社会的消亡，"青年公证人运
动"创办的杂志《乡间房屋》挖苦地惋惜道："人们再
也见不到他们了——这对民俗学来说太糟糕了——整
天边织袜子边看着牛的老奶奶，还有，呃，引诱乡村
青年的牧羊女。"文章随后才进入正题："但在这篇文章
中，我们感兴趣的是了解整合后的农场上的房屋会变
成什么样子。"[46]

　　在那些如同死水一般的农村地区，尤其是法国中部
地区，公证人将他们能够提供的房屋集中刊登在《乡间
房屋》上，以帮助购房者比较房源，也让卖房者接触到
更广泛的客户。[47]《乡间房屋》还列出了 SAFER 提供
的房屋，如前所述，SAFER 是一个由地区土地银行组
成的全国性系统，成立于 1960 年，旨在整合土地所有
权以促进大规模农业。这样的广告与"青年公证人运动"
明确提出的另一个目标十分吻合：将促成实际销售的谈

判工作这种容易来钱的活，从房地产经纪人那里夺过来。[48] 在法国，公证人既是训练有素的金融和法律专业人士，也是在司法部的主持下开展工作的公职人员，而在 20 世纪 60 年代，房地产经纪人是一个相对新且不受监管的专业群体。公证人一般负责为销售拟定条件和文件，但如果经手销售的所有阶段，他们就能赚到更多的钱。"青年公证人运动"乐意看到在次要住所的拥有上的民主化，因为这肯定会给它的成员带来更多的生意。[49] 法国公证人成功地制造并满足了消费者对"可以翻新的老房子"的欲求，他们在将农民的房子从用于传宗接代的祖屋转变为市场上可买卖的商品方面发挥了关键作用，进而推动"风景如画的农村地区的次要住所"的全国性市场迅猛发展。[50]

"青年公证人运动"还建议将贫穷地区的农民房推销给外国人，尤其是欧共体成员国的公民。事实上，北欧人（英国人、荷兰人、比利时人和德国人）很早就开始投资了。除了法国的法规为他们在当地购买第二家园提供了便利之外，他们也被明显低于本国的土地和房地产价格吸引。法国旅游事务国务秘书指出，在西欧，法国的农村地区是"一个宝库，有好多购买时价格低廉但转售价值有时很高的空间"。20 世纪 70 年代，外国买家的总体数量仍然较少；1974 年，他们仅占销售量的 5%。然而，外国买家集中在某些地区，如佩里戈尔、多尔多涅、阿尔代什、阿尔萨斯、朗格多克和普罗旺斯。这使得他们的存在很惹眼，有时甚至不受欢迎。例如，1974 年，英国人、荷兰人和比利时人拥有佩里戈尔 17% 的次要住所。杂志和报纸开始将外国人称为"无声的入侵者"，说他们抬高了土地和房地产的价格，损害了当地农场主的利益。[51]

正如皮埃尔·图桑在 1975 年所言，每个人都想进入旧房市场：

> 有省长请我帮助他们被遗弃的辖区；有一位公证人，他在发表了一篇关于阿尔代什的专栏文章后收到了近千封信，并在一个月内卖出了 40 栋房屋和 40 块土地；有一位租用直升机以方便出行的买家；有一个坐飞机往返于香港和布列塔尼的英国人；有一些读者，因为看了我拍的一张照片，便给我寄来一张 100 万［旧法郎］的汇票；一位出使到"铁幕"另一边的法国大使写信告诉我，"美好的法兰西"让他魂牵梦绕。

在图桑看来，老房子"如今已经成为一种普通消费品，几乎就像汽车或者冰箱一样"。[52]

然而，问题依然存在：为什么公证人关于偏远农村房地产交易的宣传和信息，会引起这么多消费者的反应？为什么他们选择把更多的闲暇时间和可支配收入花在乡下的房子上？即使他们也投资改善他们的城市公寓（20世纪五六十年代的法国城市住房大多急需翻新），为何不利用假期时间去国内外旅游，却非要建永久性的第二居所？不能仅仅归因于这类房子可以得到这一物质事实。即使购买不动产和土地被视为一种良好的理财投资，尤其是在战后住房持续短缺的时期，专家们也认为这只是购买次要住所的次要好处而非主要动机。[53]许多城里人是农村出身的，但这也不能完全解释他们对乡间房屋的喜爱。毕竟，有些人的家族，或者从未在乡下生活过，或者好几代人都没有在农村长居，但他们都对在乡间修缮老房子或农业建筑醉心不已。

显然，城市居民在价值观和欲求方面的转变，起到了重要作用。电台节目主持人皮埃尔·邦特回忆了1959年乡村不受待见的情形，当时欧洲1号*广播电台的管理层建议他开办一档以乡村生活为题材的广播节目："到20世纪50年代末，乡村事实上已完全失去声誉。当时正值农村人口外流的高峰期……农场主自己也在敦促子女好好念书，以摆脱被人贬低的职业……一切带有外省或农村色彩的东西都被认为是过时的、陈旧的、

---

* 1955年，为规避战后法国对商业广播的禁令，欧洲1号（Europe 1）在萨尔保护领（1957年加入联邦德国）成立，头两年都是海盗电台，直到1959年被法国政府部分收购。

老土的。"[54] 仅仅五年后的 1966 年,《农舍与次要住所》指出了农村新得到的正统性:"二三十年前被忽视甚至避之不及的乡村如今正成为香饽饽。"[55]

到 20 世纪 70 年代初,面对"辉煌三十年"中疯狂的城市改造所带来的社会和环境影响,城市居民的心理越来越矛盾,他们普遍对他们感受到的现代城市的弊病,以及巴黎周边泛滥的郊区住宅区和新城(New Town)项目表示不满。记者、社会学家和政府分析师都指出,反城市(anti-ville)情绪刺激了次要住所的增长。1973年,《世界报》的一篇文章阐述了这一观点:

> 如今,城市正在受到挑战,而且是大城市……因为它太大,太拥挤,物价太昂贵,污染太严重,配置也太差;因为它单调,千篇一律得让人厌倦……它的巨大让人泄气、担忧、苦恼……个人住房比集体住房更受欢迎。次要住所的激增和独栋住宅的流行,有着相同的根源。

文章的标题描绘了一条出路——"逃离城市,摆脱束缚和乏味"。[56]绿色、新鲜空气和乡间生活,为拥挤、噪声和污染等"现代生活的侵入"[57]提供了解毒剂:"拥有一套次要住所,就等于最终从现代世界中开辟出一个自然在其中得到保护的角落……这有助于人承受城市的窒息，以及让人精疲力竭的节奏。"[58]《农舍与次要住所》对此予以呼应："城市生活充满着喧嚣、躁动的气氛和持久的张力，为之找到一个平衡是不可或缺的……而回到乡村能使城市居民恢复活力……如果他们被剥夺了次要住所，一日复一日的城市生活对他们来说将变得难以忍受。"[59]依照这种推论，次要住所的兴盛，直接源于城市的急速发展，以及城市住房质量的低下。这些都激发了人们对新鲜空气和开阔空间的需求。[60]

逃离不健康的城市，前往拥有美德的乡村以恢复人性，这种说法由来已久，可以追溯到古典时代。地理学家迈克尔·伍兹说，"对乡下生活的田园诗式再现，与对农村的描写一样古老，在每个历史时期，人们都会用跟自己的忧虑相反的词来美化农村田园"。[61]事实上，随着"辉煌三十年"的加速发展，人们对传统农民文化的失却产生了矛盾甚至恐惧的情绪，围绕着在乡下买房的言论也带有挽歌的调子。法国的城市居民一边继续迷狂地追求消费社会的成果，一边对农民文明的瓦解感到悲哀。他们不仅通过书籍、电视节目和学术研究项目来称颂过去和现在的农村生活，还通过亲身修缮旧农舍、居住在农民生活和劳作过的地方等方式来致敬。

农宅

地理学家阿尔芒·弗雷蒙曾热情洋溢地主张，在法国，土地或土壤（la terre）"体现了农民文明的所有价值，这种文明的根基可以追溯到上千年以前，并继续存活于当代的景观之下"。[62] 然而，在 20 世纪六七十年代的法国，对农民文化的消费并非比喻意义上的。"农民文化"是以"有待修缮的老房子"的形式出售的。指导人们购买农民房的专家们提出了一些有形的东西：废弃的农舍是农民灵魂的物质表达，它可以让人无中介地接触到农民的生活，这种生活既令人痛苦地濒临灭绝，又被重新赋予了价值。

法国"农民之家"成立于 1965 年，旨在保护农宅和"传统"景观，该组织的秘书长罗歇·菲舍尔向他的读者们介绍了农宅的文化甚至精神价值："你去乡下寻找的不只是新鲜的空气和大自然，也是去寻找我们对过去生活、对作为我们本源的'农民文明'的无意识记忆，而这些房子是这种文明的最后见证。"[63] 根据菲舍尔的说法，修复传统农舍的城市人是在试图体验过往农民生活的精髓："在农舍的环境中，他们希望恢复我们的农民祖先的朴素生活——与大地亲密接触，体会到时间的流逝，与动物们打交道。"[64]

"老房猎人"皮埃尔·图桑也将这些房子视为与农

民的生活和劳作的具体联系。他写道："人们建造了这些房屋，在里面生，在里面死。每一块石头都见证了欢乐与苦难、爱与恨。"[65] 图桑推想，来自城市的购房者试图从这些房屋散发的往昔感中得到安慰："现代城市的居民对真实和安全有着深切的需求，而在这些古旧的房子里，在厚厚的墙壁和几百年的横梁的阴影中，他们多少可以找到一点。"[66]

与两次世界大战之间的民俗学者、民族志学者和社会科学家一样，菲舍尔和图桑对农村建筑赞赏不已。这种赞赏不能归结为单一的意识形态，因为左派和右派都将农民归为法兰西的精魂之所在，当然左派还将城市工人阶级视为真正的民间传统的传承者。[67] 他们对农舍的赞美，呼应了民俗学者乔治·亨利·里维埃在 1937 年巴黎世博会的法国农宅展上，以及在同年成立的国家民间艺术与传统博物馆（MNATP）表达的价值观。[68] 在维希政权时期，里维埃指导了 MNATP 的一项大规模的农宅研究。参与该项目的实地考察工作者包括历史学家阿尔贝·索布尔和社会学家亨利·列斐伏尔。前者后来成为知名马克思主义历史学家，研究的是法国大革命；后者后来成为举世闻名的现代主义理论家，研究的是城市空间，提出过"城市日常"和"城市权利"等概念。[69] 刺激列斐伏尔从农村社会学转向城市空间研究的，是他母亲长大的村庄（位于比利牛斯省）边上的新城镇建设，以及波城（比利牛斯省首府）附近的拉克炼油厂的发展。[70] 1975 年，列斐伏尔回忆道："我怀疑，城市对传统农村地区的这种侵入，并非当地的偶然现象，而是与城市化、工业化有关，是世界性的现象。"[71]

品味问题

当法国农民的房屋纷纷落入新主人的手中时，战后的品味引领者不忘对这样的文化潮流提供指导建议。图桑和菲舍尔都恳求农宅的买主在修复时尽量保持克制，以保护其原汁原味。图桑写道："看在上帝的分上，不要破坏老农场的简朴和自然的高贵，这是它们的重要属性……你要做的是保持足够的谦逊，尽可能完整地保留隐藏在古老石墙中的信息，那里有着稳定和智慧。"[72] 菲舍尔定期为《玛丽·克莱尔之家》等专业杂志撰稿，对于农宅内外部的每一处结构"该做什么和不该做什么"，他有一个很简单的公式。他建议修复者"尽量少做改动"，"尊重地区风格"，并"使用地道的材料"，要避免"现代产品的俗套""郊区风格""新农村风格"，以及"传统地区风格的混搭"。菲舍尔在 1969 年出版了一本指南，指南的标题概括了他主张的路数——"恢复而不背叛"。

城市的风尚引领者还指导城市居民收集手打的传统

家具、家居用品和工具，用来给地道的农村次要住所做室内装饰。《农舍与次要住所》建议去找旧货商，寻遍当地的拍卖会，甚至向当地居民打听："你的农场主，你的邻居，对，就是卖鸡蛋和牛奶给你的人。"该杂志指出，农村人不再轻易卖掉祖传的家具，而在 20 世纪五六十年代，他们很乐意用旧家具换取成套的"富美家"餐具。[73] 1979 年，《玛丽·克莱尔之家》向读者推荐了一个旅游项目，将寻找农民的日常生活用品同参观法国的民俗生活和农村遗产博物馆结合起来。

> 从这时起，旧工具和民间艺术品，如刨子、凿子、筛子、木模，将与古董商提供的安全赌注（safe bet）争夺人们的注意力，而事情本该如此。这些器物往往具有朴实之美，颇值得人们对其萌发新的兴趣。但为什么要局限于商业的路径呢？为何不尝试回归到它们所见证的生活和价值呢？[74]

19 世纪的民俗博物馆、1937 年成立的国家民间艺术与传统博物馆，以及 20 世纪 70 年代兴起的地方遗产博物馆，都收集并展出了被认为受到现代性威胁的农村生活痕迹。那么，为什么不更进一步呢？《玛丽·克莱尔之家》如此问道。与只是参观博物馆，或在自己修复的房子里仿照法国农民过去的生活营造个人的场景

（mise en scène）相比，读者可能更渴望留住过去的价值，使其仍然触手可及。然而，即使修复后的农舍可以成为一个体验、延续，或者将过去的感觉带入现在的地方，农舍的主人迟早也会打算引入现代城市的舒适元素。

尽管保护主义者崇尚传统和本真性，但他们也欣然承认，当前城市中产阶级的家庭舒适标准，离不开热水、家用电器和中央供暖等现代便利设施。皮埃尔·图桑在专栏中的描述很清楚地表明，"老房子的修复"通常工程量很大，不仅要让老房子能提供基本的生活必需品，还要让它达到城市中产阶级所期望的舒适程度。[75] 1966年，所有的农村房屋中，至少有一半的房龄在90年或90年以上，近三分之一的房屋没有通自来水或者没有浴室。只有十分之一的房屋配齐了在城市或城镇中被视为必不可少的舒适物：厨房、自来水、浴室和室内厕所。[76]

如果不可能用上现代便利设施，也缺乏公共服务的普及，农舍很难对法国的城里人产生吸引力。法国农村的剧烈转型，跟以家庭为中心的消费主义的爆炸性兴盛，是相吻合的。[77] 作为对农村的借代（synecdoche），翻新后的农舍不仅让人可以与正在消失的农民生活建立具体的联系，满足某种乡愁，还让消费者可以在维系和重新想象法国乡村过去的同时，表达现代化的欲望。

家居装饰杂志和更专业的期刊，致力于指导农舍的拥有者如何协调传统与被视为现代生活之根本的家庭舒适度。[78] 新主人在修复房屋或谷仓时，可能会注意让粗朴的横梁露出来，但他们也会安装管道（包括热水器）、冰箱和洗衣机。即使是菲舍尔这样的纯粹主义者也看到了妥协的必要性。为了将不可或缺的舒适性融入农舍，在一个并非为接受现代生活的要求而设计的环境中满足这些要求，他提出了一些方法，后者可以用他的座右铭概括："现代化，是的；改变本性，不。"[79] 此外，好的品味还包括遮掩任何现代材料和技术的痕迹。为此，《农舍与次要住所》建议对传统家具进行改造，比如用古董衣橱隐藏电视机、收音机和唱片。[80] 这些设计建议提出，农舍的拥有者宜将农村与城市、传统与现代、稳定与运动、过去与现代并置起来。事实上，拥有这样一栋房子的主要兴味，便是通过在城市住所与农村住所之间交替居住，来体验这些对比。当然，这种说法充满了矛盾和讽刺。即使农舍的主人选择遮掩其现代化的痕迹，战后法国的农村本身已陷入革命性的变化之中，而他们的存在正是这种变化的另一种表现。

在农场度假

得益于乡村度假屋网络的建立，即便没有次要住所或者家庭别墅的人，也可以在偏远农村的农舍中度假。

1951 年，来自下阿尔卑斯省（1970 年更名为上普罗旺斯阿尔卑斯省）的参议员埃米尔·奥贝尔打出"旅游业是农民的财富"的口号，宣称"既贫穷又美丽"的地区的农民要想改善命运，发展旅游业是唯一的途径。在奥贝尔的构想中，"法国度假屋"（Gîtes de France）将实现三大目标：发展社会旅游*、改善农村住房，以及抵御导致法国农村人口锐减的破坏性力量。此外，工人和农民之间的接触，还将增进城里人与农村人之间的相互理解。[81]

奥贝尔成功地向一个致力于发展现代商业大众旅游和让城市工人和小商人负担得起度假费用的政府推销了他的计划。国家对度假屋的支持，包括向农场主提供补贴和低息贷款，以便他们在自己的农舍中建造简易的出租屋。参与者会签署一份合同，规定他们有义务将自己的度假屋出租给来自城市或工业地带的家庭，每年至少三个月，直到还清贷款为止。[82]1955 年，奥贝尔创立了法国度假屋全国联合会，该组织的成员当时只有 146 家度假屋，而到了 1964 年，这一数字迅速增加到 5500 家，到 1970 年更是达到了 1.1 万家。[83]

在"辉煌三十年"的快速城市化进程中，去农场度

---

*　社会旅游指的是由国家、地方政府、工作单位、工会或者户主所属的其他组织团体提供补助或资助，以组织收入较低的家庭外出旅游度假。

假成为法国人重新赋予农村生活价值的另一种方式，尽管这种方式在战前就已存在。法国度假屋全国联合会等组织，以及家庭度假村和汽车露营地的建设，其基础都是 20 世纪 30 年代发起的"社会旅游"计划，这些计划旨在组织家庭度假以促进社会团结。在整个 20 世纪五六十年代，这样的度假方式一直是工人阶级亚文化的一部分。[84] 它们将工人阶级和小资产阶级家庭带到法国风景如画的地区，而这些地区也是次要住所的拥有者经常光顾的地方。在此之前，这些地方几乎完全是探亲者或者城市工人阶级儿童的度假地。在学校放假期间，孩子们会被送到农民的家里住，而这些农民家庭是一个由私人和公共资助的庞大的夏令营网络的一部分。[85]

一些长期待在农村的居民，会对进入他们村庄的城市中产阶级度假者怀有疑虑甚或怨恨。次要住所的兴起，导致农业工人、季节性工人、工匠和农村工业的雇员负担得起的租房出现短缺。农村地区的主政者抱怨说，按照次要住所拥有者的要求来改善公共服务设施成本很高，而当地人承担了大部分的税收负担。[86] 不过，尽管阶层和品味有别，购买或继承农舍的城里人跟留守农民的文化，往往在一点上趋于一致，即共同拥抱新的家庭舒适标准和增加的流动性，即便农村人还负担不起现代的舒适物。就这样，20 世纪 60 年代第二家园的兴起，促进了城乡文化的相互渗透。1961—1966 年间担任戴

高乐农业部长的埃德加·皮萨尼和社会学家埃德加·莫
兰都将这一新发展称为"新文明"。[87]

吊诡的是,保护主义者坚持他们所认为的"本真性",
声称崇尚农民的文化,这反倒使他们与农民不合。在一
篇题为《农民们,请注意……》的社论中,"法国农民
之家"恳求农村居民在将他们的房屋——他们的主要住
所——现代化时,"使过去的建筑之美与最新的技术进步
相协调"。[88]菲舍尔对任何外露可见的翻新痕迹都嗤之以
鼻:"如果说在我们乡下,那么多农民的老房子看起来变
了质,打了补丁,像可怜的小丑的衣服,那是因为他们
在使用现代材料修补、重做和扩建时,有意显摆它们。"[89]
这可能不符合保护主义者的口味,但当地的农场主和商
人在翻新房屋时使用灰泥或水泥粉刷立面的做法,往
往反映出他们是在有意识地选择展示自己对乡村现代
化的参与。[90]埃德加·莫兰在1964—1965年间对布列
塔尼的普洛泽韦市镇做了全面研究,他指出,只有外
界压力和政府规章才能让居民尊重传统的建筑形式。[91]
对于菲舍尔的读者来说,现代性意味着在城市与乡村之
间交替居住,并感受二者的不同。但对于那些以农村住
宅为主要住所、以乡下为生活和工作场所的人来说,他
们既无必要,也不愿意保留那些标志着过时生活方式的
东西。

到20世纪60年代,农村家庭开始将打造一个配

备现代耐用消费品的舒适家庭视为其幸福安康的必要条件。农村的女性尤其渴望拥有那些她们先是在杂志上翻到，继而在电视上看到的能节省劳力的家用电器，其中最重要的是洗衣机。1952—1954 年法国农村地区的电视俱乐部（télé-clubs）[*]播出了一部具有开创性的电视系列片，名为《紧急状态》，其中就有一集讲到有必要通过家务劳动的现代化来改善女性的境况。[92]农村的女性与城市的女性一样，在通过消费主义追求现代化的过程中，以家庭为其消费的中心。社会学家埃德加·莫兰称，女性是"现代性的秘密代理人"，她们决然地拥抱技术进步和舒适生活。即便还不能达到现代性的最高水准，新近实现机械化的农场的女性，也会为自己的家添置家用电器和购自百货公司的家具。[93]莫兰研究的布列塔尼人，就像法国各地的许多农民一样，或者在努力掩盖自己家中的土气，或者放弃农村的老房子，将之改建成现代的新房子。"横梁和壁炉不仅被视为无用之物，而且是贫穷的象征，因此也是丑陋的。壁炉被封死，藏在帘子或门后面。"[94]

---

[*]　电视俱乐部出现在电视机依然是奢侈品、只有少数人负担得起的年代，尤其在法国的农村地区比较流行，而这里也是电视俱乐部运动的起源地。

走向绿色

20 世纪 60 年代，同其他工业化民主国家一样，环保主义作为一场草根运动在法国出现，并得到了社会各界的广泛支持。众多因素促进了共同的绿色意识的兴起：对技术现代性的矛盾心理；科学家和自然保护主义者之间新的交战；十年间发展起来的反主流文化和政治运动对"系统"（资本主义、现代工业主义、全球化和殖民主义）的激进质疑。还有威胁环境的具体事件，例如布列塔尼的海滩被"托里坎恩"号泄漏的原油弄脏，唤醒了人们对自然世界退化的关注。[95]

结果是，无论是花时间修复农舍还是住在度假屋里，去农村度假都具有了新的生态色彩。1970 年，为吸引年轻一代的游客，"法国度假屋"加入了"农村空间旅游"（TER），这是一个新的非营利性协会联盟，致力于发展农村旅游业、推广"绿色度假"。这样一来，它就可以利用不断扩大的大众旅游市场——此时，大量游客开始乘坐新出现的打折航班前往亚洲、非洲和拉丁美洲，进行环球旅行。农村旅游被重新包装成绿色旅游，吸引了好多年轻人，他们对 1968 年 5 月后形成势头的回归土地运动很感兴趣。[96]"法国度假屋"的"绿色旅游之家"于 1974 年开业，一位管理者回忆起他对那些住客的刻板印象："看到穿着手工编织的套头衫、蹬着木屐、蓄着长发的人，你就知道他们会带着旅游指南去洛泽尔、阿尔代什或阿韦龙。"[97]

　　在这些年里，一些保护传统农民住宅和农村建筑的重要协会，将其使命从追求美感扩展到积极保护农村的环境。1971 年初，《农舍与次要住所》更名为《住宅与景观：农村环境评论》，并成为新成立的法国住宅与景观保护协会和保护农村环境全国联合会的喉舌，从而宣告了"新时代"的到来。[98]1972 年 4 月，该杂志的定期专栏"S.O.S. 濒危景观"的撰稿人敦请读者们拯救受到开发商威胁的自然景观，包括法西边境附近的东南海岸的一处海湾，以及法意边境的阿尔卑斯山高地的一座山谷。"自然与进步"组织是有机农业方面的先驱，在同一期杂志上，担任该组织秘书长的农学家宣称，要想减轻工业化农业对土壤和景观的影响，有机农业乃最佳手段。[99]该杂志还呼吁读者投身一项引起全国关注并成为法国环保运动催化剂的事业：保卫拉尔扎克高原偏远而广阔的区域，抵御法国军队的入侵。

"保卫拉尔扎克"

　　1971 年 10 月，法国国防部长米歇尔·德布雷宣布，拉尔扎克军营将在 5 年内从 3000 公顷扩大到 1.7 万公顷。据德布雷在电视上的描述，当地居民是"一些农民，人数不是很多，大概养了几头羊，俨然还活在中世纪"，他们的土地将被征用，以便为坦克演习和远程大炮发射腾出空间。[100] 这一计划立即遭到了高原上的当局和牧羊人的强烈反对，对于生产羊奶以制成罗克福奶酪的牧羊人来说，这意味着他们的生计将受到威胁。

20 世纪 50 年代搬迁到该地区的现代化农场主，以及世居拉尔扎克高原的家庭，发起了一场声势浩大、别出心裁的抵抗运动。[101] 恰逢许多法国人重新赋予农村生活价值的时刻，"拯救拉尔扎克及其环境"协会和"拉尔扎克属于每个人"联合委员会迅速赢得了大众的支持。当拉尔扎克农场主骄傲地重新以"农民"（paysan）自称，并肯定他们对家乡领土（pays）的依恋的正当性，这在象征上的重要性不言而喻。paysan 这个通常用来指称务农者的词，在 19 世纪曾是一个贬义词，到 20 世纪初才被农业辛迪加主义者和作家们恢复名誉。[102] 不过随着 20 世纪 60 年代对现代化的强调，许多农民开始称自己为农场主。到了 20 世纪 70 年代，小农场主活动人士自豪地自我认同为农民。拉尔扎克抵抗运动，将农民变成了对"国家技术官僚的非人性"和大农业的市场生产主义的"现代替代"（modern alternative）。[103] "农民"身份成为一种荣耀徽章，将拉尔扎克人与牧羊人大卫联系起来，而他们所面对的专横的国家权力则被视为歌利亚。

在早期，拉尔扎克农民致力于非暴力抵抗，启发他们的是信奉天主教的甘地主义者约瑟夫·兰扎·德尔瓦斯托，他是距离抵抗运动震中40英里的一个属灵社区的创始人。[104]1972年10月，拉尔扎克的活动人士在巴黎的战神广场上放羊，并将羊群赶到埃菲尔铁塔的底座边。他们通过制造这种行为艺术，将这一事业推入公众视野。[105]1972年7月和1973年1月，拉尔扎克高原的保卫者们先后向大区首府罗德兹和巴黎进军。有人开着拖拉机，有人则徒步前往。他们在1973年、1974年和1977年的夏天筹划了大规模的抗议活动，有五万至十万名支持者来到高原。

拉尔扎克抵抗运动在目标和信念方面建立了广泛的联盟。他们与美国的印第安人、第三世界的农民等少数群体达成合作，将其视为同胞，一同对抗搞殖民压迫的国家权力。[106]支持者包括天主教进步人士（平信徒和神职人员）、环保主义者、反殖民活动人士、反核活动人士、左翼农会（全国农民劳动者联合会），以及来自奥克西塔尼（包括拉尔扎克和法国南部大部分地区）、布列塔尼、巴斯克地区和科西嘉的地区自治运动支持者，还有"新农村人"——20世纪60年代为逃离工业和消费社会而迁往拉尔扎克高原的年轻人。有的人为了支持这一事业不惜搬到拉尔扎克，其中就有二十岁的若泽·博韦*，他将在 20 世纪 90 年代成为法国最知名的反全球化活动家。新农村人经常在军事基地扩建区的农场里蹲点，以协助抵抗运动，同时学习如何耕作。"Gardarem lo Larzac"（当地的奥克语方言，意为"让我们保住拉尔扎克"）这一集会口号，获得了国内和国际的认可。[107]

当法国蓬勃发展的环保运动围绕着保护农村环境和某种小农农业（peasant agriculture）的理念而动员起来，农民住宅和传统农村建筑的爱好者们也投身其中。1972年，《法国农民之家》的创刊号刊登了一张照片，拍摄的是 14 世纪的一座为防御而建的村宅，而其所在地将成为扩建后军营的一部分。该杂志问道："法国农民之家的成员们，你们会允许这座村宅被炮轰吗？"国防部长米歇尔·德布雷也是该组织的成员，并为组织捐过款，而就在这张图片的下面，杂志刊登了执行委员会开除德布雷的决定。[108] 该杂志谴责军方对拉尔扎克高原的遗产和景观的侵犯，认为这是对环境更广泛的破坏的一部分：

---

* 若泽·博韦（José Bové，1953— ），法国左翼政治家，主张没有新自由主义的另类全球化，反对转基因作物和麦当劳在全球的霸权。1972 年，作为反战的和平主义者，因为拒服兵役而被列为逃兵，避居于比利牛斯山。1973 年参与反对拉尔扎克军事基地扩建的集会。1976 年，携妻女定居于该地，以养羊为业，并于同年与另外 21 人闯入拉尔扎克军事基地，抢走农民的卖地契约，因此被判入狱三周（缓刑）。1977 年率领 90 台拖拉机闯入军方的打靶场。

"从未有人以如此严重的程度，如此快的速度，肆无忌惮、厚颜无耻地劫掠我们的土地和我们的国家。这是一次浪潮，一次入侵，同时来自各个方面：无良的建筑商、军队、政府，总之，整个现行体制。"该杂志警告读者，他们在乡下的房子不能再作为现代世界的避难所了："我们的一位成员跑遍了整个法国，只为找到一处僻静的小地方，在那里度过余生。他找到了……拉尔扎克。按照目前这个速度，在我们每个人的避风港里，等待我们的是同样的命运。"[109]

农舍保护专家罗贝尔·菲舍尔也加入行列，敦请读者在"拯救拉尔扎克"的全国请愿书上签名。1972年7月14日，菲舍尔参加了由106名农场主发起的抗议活动，他们开着拖拉机，从拉尔扎克高原出发，行驶79公里，来到大区首府罗德兹。他还与来自奥克西塔尼大区以及全法国的一万五千多名抗议者一起，在"法国农民之家"的旗帜下游行，而他的那些代表"法国老房子"（VMF）协会的志同道合的朋友，也出现在队伍中。[110] 对于农村房屋的热心爱好者来说，与法国农民的过去重建联系的愿望，现在已经向前延伸到保护这些地方的未来和大环境的命运上。1973年春，"法国农民之家"正式宣布，不再可能只是把主要关切局限于"美学污染"，以及农村建筑和农村遗址的保护。该组织将加入环保运动，并与所有自然的捍卫者展开密切合作。[111] 次年，"法国农民之家"选择把票投给勒内·迪蒙，他是历届总统选举中第一位以环保主义者的身份参选的候选人。[112]

拉尔扎克的抵抗运动最终取得了成功。随着弗朗索瓦·密特朗在1981年当选总统，政府取消了扩建拉尔扎克军营的计划。在随后的几十年里，拉尔扎克抵抗运动成为另类全球化（altermondialisation）和反对转基因作物浪潮的温床。这场运动的胜利，凸显了法国人对农民传统所塑造的农村生活和景观的持久留恋。拉尔扎克的农民之所以能胜出，乃因为他们成功地赋予农村和农业问题一个框架，使其显得不仅对整个法国社会很重要，对地球也很重要。他们对法国农村如何繁荣发展，以及农民的力量如何跟城市利益集团和中央政府的主导地位相抗衡的看法，帮助法国的环保主义获得大量支持，并强化了对核能和殖民主义的反对。

到20世纪80年代初，由于经济不景气，潜在的买家对未来产生不安的心理，修缮旧农舍的风气逐渐减弱。1973年的石油危机结束了法国的"辉煌三十年"，西欧经济陷入严重衰退。1981年，随着法国选出了1936年以来的第一位社会党总统，由社会党主导的立法机构将主要产业国有化，并对高收入者开征新税。法国大多数的中产阶级都在警惕地观望。整个次要住所市场陷入萧条，农舍的销售似乎尤其受到了重创。1985年的《快报》宣称:"房地产经纪人一致认为,农舍不再容易出手。茅草屋的最好的时光已经过去。"[113] 法国的媒体、公证人和房地产专家都在猜测,这是否可能预示着"一个梦想的终结"。[114] 一座破败的农舍在 20 世纪 60 年代初可能只需几千法郎,而现在却要贵上十到二十倍。[115] 然而,皮埃尔·图桑在 1982 年进行调查后,对这个特殊的市场领域得出了一个更加谨慎和乐观的结论。是的,市场已经发生变化,但老房子和老农场的客户群依然存在:"尽管当前经济形势不佳,但梦想仍在继续:有一些人仍在试图寻找价格合理的老房子;'深层法兰西'依然蕴藏着不为人知的奇迹和濒危的小型艺术作品,如果离你的主要住所不太远,它们就会成为连接城市世界与乡村世界的关键枢纽。"[116] 事实最终证明了他的观点。20 世纪 90 年代,农村次要住所市场出现反弹,这显然让那些曾经持消亡论的媒体大吃一惊:"经典的次要住所,那种带有需要割草的花园、瓦片会被风吹落的住宅,竟再次展示了其旧式的魅力,而我们却将其埋没了。"[117] 高速列车服务的扩张,不仅带动了城市居民对普罗旺斯等热门地区重新投资(现在从巴黎到阿维尼翁只需不到四小时),也使得旺多姆地区的卢瓦尔河谷等新地区获得了关注。与 20 世纪 60 年代第一批高速公路的建设一样,交通条件的显著改善,刺激着城乡互融进入新阶段。

　　20 世纪六七十年代，法国乡村的价值得到重估，而城市居民大量进入因农村人口外流而空置的地区购买次要住所的现象，在其中起到了关键作用。进入 20 世纪 90 年代后，越来越多的城郊人加入了次要住所拥有者的行列：随着互联网的发展，来自城市地区的人可以选择大部分时间住在乡下，并将在家工作和通勤工作结合起来。当然，在房主退休或者转移生活的重心之后，次要住所也可以成为主要住所。越来越多的北欧人，尤其是英国人的面孔，也出现在法国的乡下，他们被 20 世纪 90 年代相对较低的房地产价格吸引，被自己对乡村生活的幻想怂恿，于是来到了这里。[118] 尽管法国的乡间生活被视为典型的法国式生活，但它同时也是一种全球性的商品。[119] 正是在这一时期，彼得·梅尔的作品在世界各地收获读者，而他在书中对自己的普罗旺斯农舍可谓不吝赞美之词。

　　进入 21 世纪，农村建筑和乡间风格的家居装饰，依然是颇受追捧的品味。最好的例子莫过于 2012 年开播的电视节目《法国人最喜爱的房子》。受到美国电视节目《房屋猎人》的启发，该节目邀请观众在对 22 栋"法国本土的传统地区住宅"进行为期一年的参观后，投票选出他们最喜爱的房子。值得注意的是，四分之三的特色房屋都是农业建筑或农村建筑。2014 年的人气奖得主是一座鸽舍，位于中央高原的一处 18 世纪的农场。

导致农民离开农村、城里人来到乡下的社会、经济和文化因素很可能已经消退，但农村次要住所已成为法国人生活和想象的持久特征。

第三章

回归土地

20世纪70年代法国的农村乌托邦

在城市中产阶级走上"猎寻农舍"之路的同时，另外一些人也在法国的农村地区寻找废弃的农场和荒芜的小村庄，他们来得更年轻，人数也更少。1968年的五月风暴之后，成千的年轻人（大多来自城市地区）转而前往因农村人口外流而凋敝的地区，企图在自己的生活中实施革命性的变革。他们计划通过从事过去农民赖以为生的自给农业来维持生计。他们的乌托邦目标是为一种超越现状和布尔乔亚习惯，且外在于资本主义社会和国家的未来建立自足的存在。这股从城市向农村移民的浪潮，通常被称为"回归土地"（le retour à la terre）。

那些回归土地的人开始跟工业资本主义和消费主义决裂，而正是这两种结构推动了次要住所市场的蓬勃发展。他们打算做的不是在次要住所中暂时摆脱日常生活，而是要为"体制"内的生活方式寻找长期的、全方位的替代，包括打破婚姻和家庭的习俗——至少在运动的最初几年是这样的。

对当时的许多法国人来说，"回归土地"这个说法可能暗示着19世纪农业主义的复兴，以及对土地的崇拜，而这种崇拜是1940—1944年维希政权政治意识形态的核心，该政权带有威权性质，信奉社团主义。可以肯定的是，许多回归土地者将农村生活理想化，认为比起战后消费社会中的城市生活，它提供了更为朴素而本真的体验。然而，回归土地运动的最初参与者，其共同点是一种抗争精神——渴望与权威、家长制决裂，从而创造出一种不仅改变自身，也改变周遭的新的生活方式。第一批"新农村人"（这是他们后来获得的名号）既憧憬农耕的过去，也向往激进的未来。[1]

在法国战后回归土地运动参与者的冲动和目标中所表达的诸多想法，将随着时间的推移，以及一波又一波的"乌托邦移民"涌入法国乡下而发生变化。本章既考察了1969—1973年回归土地运动短暂的初期（以乌托邦社区的建立为标志），也讨论了1973年后的第二阶段的开始（新移民以农业为优先事项）。[2]合作社和公社的创立者都是一些很明显的边缘人物，而且他们是有意沦为边缘，有的甚至赞成将边缘化作为一种政治立场。[3]在他们之后的是一些专心务农的人，他们越来越寻求融入当地社区，尽管长期居住者与新来者之间的区别始终存在。这两个阶段的新农村人都将成为战后法国农村空间转型的重要力量，而这一空间长期以来是由传统的农民文化和小农农业界定的。

战后的回归土地作为一项运动，是在1968年春夏的学生抗议和全国大罢工之后的两年中，逐渐显现出来的。对许多年轻人来说，迁居乡下为他们追求变革和实验的愿望提供了空间——"空间"在这里既是字面意义的，也是一种比喻。[4]

年轻的夫妇和朋友们根据"在此时此地，以别样的方式生活"这一激进的要求，开始在中央高原、上普罗旺斯和比利牛斯山山麓的村子里，寻找废弃的房屋、小村庄或小农场，看到中意的便买下来或租下来。"我认为我们是真正的'六八人'，"维奥莱纳·诺埃尔称，"因为在1968年5月之后，我们无法再像从前那样生活了。我们需要一些别的东西。"[5]诺埃尔和罗贝尔·法布雷于1971年8月在阿尔代什省创建了拉布拉谢雷特公社。法布雷回忆道："当时在很多方面都是一团糟。小组都是在几个月内成立的。我们到这里半年后，就有了十五个小组……有一大堆人四处晃悠，寻找可以安顿下来的地方。"[6]从原则上讲，公社生活创造了一个空间，让人可以通过重塑自身以及自身与他人的关系来重塑世界。正如法布雷解释的，"如果一个人希望社会发生改变，那

么我们自身就得发生改变……改变现状，得从改变自身
做起"。[7] 新成立的公社成员在从事农业生产时，往往不
是将其作为目的，而是作为手段。这样他们可以在主流
社会之外生存，同时建立激进的反主流文化，以身作则
地挑战现状。

身处 20 世纪 60 年代末充满好斗精神的政治和文化
热潮（包括生态激进主义、无政府主义、反军国主义、
反战或女权主义运动）之中，公社的参与者通过口头介
绍而彼此结识。《当前》《张开嘴巴》* 等反主流文化报
刊，会定期刊登有关公社生活的故事，并刊登分类广
告，让未来的公社成员找到彼此。例如，1972 年 5 月，
勒内·热拉尔在《当前》和公社通讯《C》上刊登了如
下广告："已发现一处废弃村庄，有土地 20 公顷，售价
1000 万 [法国法郎]。20 个人摊下来，每个人 50 万。有
可能建立一个农业和手工业社区。"在同一期的《当前》
杂志上，还有人在寻找参与者："寻找对贫困农村地区的
免费 [原文如此] 村庄感兴趣的青年男女。目标：与农
民成为朋友，欢迎所有人，构建一种公社的氛围。"[8]

---

* 《当前》（*Actuel*）创刊于 1967 年，最初是一份致力于前卫爵士乐和
  另类音乐的乐迷杂志，1970 年在继承大笔遗产的让-弗朗索瓦·比
  佐（1944—2007）接手后，成为主要的法语另类文化期刊。《张开
  嘴巴》（*La Gueule ouverte*）是一份生态和政治报纸，由《查理周刊》
  记者皮埃尔·富尼耶（Pierre Fournier）创办于 1972 年 11 月。

据可靠的估计（虽然必然是有弹性的），到 1972 年，约有三百到五百个法国公社已经存在了三四年。根据季节的不同，参加者的数量波动很大。坚持过冬的有五千多人，而随着大批游客来到公社参观，参与者的数量在 1971 年、1972 年和 1973 年的夏天激增到三四万。[9] 1971 年 4 月，《当前》杂志刊登了一份调查问卷，有五千名读者在回复中表示希望在农村公社生活。

动机

20 世纪 70 年代初农村乌托邦社区的创建，是一场形式多样、变化多端，最终昙花一现的运动。要想完全捕捉到这场运动的动机是不可能的。1971 年，反主流文化杂志《当前》将种种令人难以置信的社区分为四类："非正式的和自由主义的"；"政治的和好斗的"；"神秘主义的"；"纯农业的"。[10] 七年后的 1978 年，作为当时法国最大的行政区，南部-比利牛斯大区的国家宪兵队在该地区的边缘人群中，发现了大致相同的四类取向。宪兵队还留意到居住在拉尔扎克高原附近的群体的反军事主义活动，因而增加了两个新的类别：参加反核抗议活动的生态保护主义者，以及据说经常吸毒的"流浪汉"。[11]

当然，实际情况要更为复杂。宪兵们注意到了显而易见的一点，即许多团体都受到了各种原因和愿望的驱使。发表于《当前》和《C》的公社成员自述，也不难看出这种异质性。在 1976 年出版的一本回忆录中，米歇尔·贝松和贝尔纳·维达尔描述了他们如何在 1971年 7 月去到阿韦龙省的弗雷西努斯小村庄，在那里的一个废弃农场上成立了公社。该公社建立在"集体主义""自治自足""个人自由结社"，以及"完全的性自由"等所谓"自由主义"原则的基础上，意欲主要以农业为生，并在日常生活中挑战主流社会的基础。[12] 该团体的许多成员都是支持拉尔扎克抵抗运动的政治活跃分子。2001年，电台节目主持人达尼埃尔·梅尔梅回忆起一群深入阿尔代什省偏远山谷的回归土地者在身份和意识形态上的混合："多毛的、长发的、浑身都是花的、无政府主义瘾君子、红色女权主义者、素食环保主义者、终极梦想家、受虐狂会计师……好斗的同性恋情侣、阴蒂女权主义者、另类的反精神病学家。"[13]

无论他们的计划有多么不同、多么割裂，大多数公社成员持有一些共同的立场，而这些立场贯穿了整个 20世纪 70 年代的回归土地运动：反对消费社会，反对对成功的传统界定，反对传统的政治改革，反对教育、工作场所、家庭、夫妻和性关系中的权力和等级关系。[14]1980 年，阿尔代什省的一位年轻的回归土地者表达了这种态度："就我个人而言，这是我要抗争的事情之一，不管是在政府方面还是其他方面：权力和权威……存在于各个层面……我希望有一天自己能通过拒绝，拒绝某些东西，来与体制保持距离……这样我们就可以找到一种别样的生活。"正如他解释的，对权威的拒绝必然蕴涵着自治自足的原则，即不必向老板或更大的组织负责："我们对自由的理解是，按照自己的节奏生活，自己做决定。"[15]

许多较大的公社都直接产生自其创始人在1968年五月风暴期间的左翼政治活动。这些公社因创始人发表的宣言而广为人知。例如，被认作"公社运动""思想家"[16]之一的马克·萨拉西诺在《当前》和《张开嘴巴》上发表了一系列声明，并且担任相关期刊的编辑。他为通讯《C》的读者们描绘了建立公社的原则和行动蓝图："要想摧毁当下的体制，就得通过建立一个平行社会来拒绝消费社会：减少需求，最大限度地就地生产，限制汽车的使用（对使用者和生产者来说都是异化），社区间以物换物，拒绝屈服于法国电力公司（异化和污染），生产我们自己的电力、音乐和报纸。"[17]在谈到创办农村公社的动机时，他们通常使用一套笼统的说法——渴望摆脱城市生活、例行公事和乏味的工作，寻求有更多可能性的生活，可以去冒险和改变。

在刻板印象中，绝大多数的新农村人是资产阶级的孩子。然而，社会学研究和警方报告显示，他们的背景要更为多样。比如，据 1978 年在南部-比利牛斯大区跟踪公社动态的宪兵们报告，40% 的参与者来自中产阶级家庭（他们的父母是公务员、商人和专业人士），而其余的参与者来自工人、小手工业者和小生意人家庭。[18] 公社成员最显著的共同特征可能是他们的受教育水平很高。约 60% 的人完成了中学学业，50% 的人上过大学，20% 的人拥有相当于学士或硕士学位的学力（而总人口中只有 2%）。[19] 与大学的联系并非偶然。推动 1968 年 5 月学生骚乱和公社运动的一个关键因素是来自中下层的学生因为找不到工作而感到受挫，而这一代学生是战后高等教育扩张的第一批参与者。[20] 1972 年，塞文山脉的宪兵们也报告说，许多公社成员跟教学和高等教育有联系，有的是学生，有的是实习老师，有的是前教师。但他们也提到了专业工匠（比如木匠）和农场主的存在。阿尔代什省的许多公社成员都有与农村生活或农业相关的个人经历或家庭关系，比如他们有亲戚务农，而他们曾去这些亲戚那里过暑假。[21] 总体而言，南部地区的公社成员中，农村出身的情形并不少见，他们在外出工作或者接受培训后，又回到农村。[22]

　　这些分析为我们描绘了一幅关于公社和更广泛的新农村运动的画卷，就其成员的社会出身而言，真相比当时的媒体报道和普遍印象所呈现的要更为复杂。尽管如此，轶事信息[*]表明，公社中也有上层资产阶级和政治文化精英的子女。瓦莱里·吉斯卡尔·德斯坦总统的侄女和总理雅克·沙邦-戴尔马的侄子就在阿尔代什省的公社待过；社会党政治家、女权主义大学教授于盖特·布沙尔多的两个儿子加入了普罗旺斯的龙谷脉合作社；著名历史学家弗朗索瓦·孚雷的三个侄子和一个侄女也加入了公社。多说一句，布沙尔多和孚雷都来自富裕的银行家族。[23]

创建公社

尽管农村公社在法国各地都可以找到，但它们主要集中在中央高原南缘的山区、上普罗旺斯的偏远地区，以及比利牛斯山山麓。[24]年轻的乌托邦主义者来到这些地区的原因，与寻找次要住所的人相同：报刊上关于废弃村庄的报道，鼓励农民出售住宅甚至土地的房地产市场，以及乡下的自然美景。1971年，《当前》杂志为读者提供了一个名副其实的房屋猎人工具包，其中包含的许多提示和线索与罗贝尔·朗德里和皮埃尔·图桑提供

---

[*]　轶事信息（anecdotal information）指基于个人经验或偶然事件的信息，缺乏科学证据支持，可能存在偏见或误导性。

的相同，而前面提到过，这两位记者是为城市居民寻找梦想中的农舍提供建议的。[25]

希望建立公社的乌托邦主义者面临许多艰巨的挑战，发表在《C》上的通信对此多有明确的描述。因此，在成立的第一年，弗雷西努斯公社就和阿韦龙省南部的其他 15 个公社召开了两次会议，讨论共同的问题。[26] 当然，头一个需要克服的障碍是寻找住下来的地方。可供租借或购买的房子几乎都需要大修，而费用得由租房者或新房主承担。[27] 这些房子通常需要新的屋顶，且不通电力和自来水。想让这些房子变得适合居住，同时让公社开始运转，往往得付出非同寻常的努力。

在很多情况下，要想搞乌托邦，得首先获得当地 SAFER 的批准，该实体通常对谁能购买农村住房和农田拥有拍板的权力。[28] 在回归土地运动的早期，希望建立公社的人中，很少有人能够达到 SAFER 的标准，这些标准旨在将土地和住宅交给有经验的农场主。由于公社创建者想要的不仅仅是房屋，更是土地，他们不得不比购买次要住所的人更频繁地与 SAFER 直接打交道。

地方名流和市政当局会经常参与或影响 SAFER 的决策，大区一级的 SAFER 由主要的农业协会构成，在农业部和财政部的监督下运作。地方上的农场主和官员通常会利用 SAFER 的申请程序来阻止"嬉皮士"在本地区定居。1972 年 1 月，弗雷西努斯的公社成员想要购买一座农场，且他们已经在此劳作。该农场归他们的一位朋友所有，而且这位朋友也希望卖给他们。然而，SAFER 抢先一步，这又引发了一场旷日持久的纠纷。[29]

虽然 SAFER 很可能不愿意把土地卖给没有经验的城市年轻人，但他们往往允许这些人租用，因为公社成员的劳作可以防止土地进一步荒芜、房屋进一步失修。[30]一位法律专家在《C》上撰文建议，以租户的身份占有土地，是新公社成员在社区站稳脚跟的一种方式，而一旦证明自己是认真务农的，他们就可以说服SAFER 把土地卖给他们。[31]

乌托邦景观

尽管"回归土地"这一说法带有明显的怀旧甚至反动意味，但早期的公社成员始终坚持，他们的计划并非为了重现理想化的、更为朴素的过去，而是朝向未来、探索新的生活方式的乌托邦实验。他们要进入的地方，在地貌上的特征是奄奄一息的小农经济的遗迹，如未耕种的田野、荒芜的村庄和木板搭建的农舍。塞文山脉的狭谷提供了这方面的绝佳证据，几代当地农民先是用石头砌墙，然后用从下面的河床里拖来的泥土将其填平，这样辛辛苦苦建起的梯田，现在却无人耕种，肥力减退。[32] 然而，一个人眼中的凋敝却可能是另一个人的梦境。

　　法国贫困山区的与世隔绝和粗犷之美，象征着公社成员的激进愿望。这种观点在马克·萨拉西诺的著作中清晰可见，这位来自图卢兹的无政府主义者曾在1969—1971年间帮忙在比利牛斯山（阿列日省）建立了3个公社，并在法国南部组织了一个由34个公社组成的联合会。多年后，他回忆起自己如何推动这样一个共同体的成立："1971年，我离开维勒讷沃·杜博斯克公社，创立了普拉内尔·杜比斯公社……在更高的地方，要更激进……没有路，没有电，没有自来水，只有一座高耸入云的宏伟的谷仓。"在那么高的地方，他发表了《山中来信》和《超级乌托邦》（Hyperutopie）等公告。几年后，他和一些朋友在一座因为人口外流而被遗弃的小山村，创立了另一个公社。为了开辟道路，他们花了两周时间，用斧头和锯子清除灌木丛，并砍倒树木，以便趟过一条河。[33] 在萨拉西诺的著作和后来的回忆中，一个由群山之巅和一座迷失在时光中的童话般的村庄组成的神话景观，成了公社生活中的乌托邦实验的背景，而不是对农业发生任何实际兴趣的地方。

　　其他反主流文化激进分子在社会乌托邦与农业景观之间建立了更为明确的意识形态联系。他们设想自己定居的地方，要么是完全空旷无人，要么是奄奄一息的、有待振兴的社区。1972年，作为一群瑞士和奥地利活动人士的领袖，法国人罗兰·佩罗阐述了他们选择在那些被资本主义玷污、被战后的经济繁荣抛弃的地区定居背后的政治和经济逻辑。激发他的乌托邦计划的，是他对农业景观遭到糟蹋的过程的理解。佩罗和他的追随者们从欧洲主义这一重要维度，表达了20世纪70年代反主流文化的国际性，而这种国际性是由1968年的抗议活动和青年旅行形塑的。[34]

1969年，佩罗以雷米之名，创建了"斯巴达克斯"，该组织由激进学生和其他充满好斗精神的年轻人在维也纳组建，旨在捍卫学徒的权利。他们也为改革奥地利残酷的青少年司法制度而奔走呼号。[35]1972年，面对警方的调查和法律诉讼，斯巴达克斯搬到了瑞士的巴塞尔，并与瑞士的反威权主义青年运动组织"九头蛇"（Hydra）结成伙伴关系。[36]1972年，斯巴达克斯和九头蛇的成员周游欧洲，以支持英国南安普敦的码头工人罢工和布列塔尼的牛奶罢工。随后，佩罗在因农村人口外流而伤痕累累的地区成立了农业合作社。

1972年夏天，该合作社在比利时召开以"受威胁地区"为主题的"国际反经济衰退大会"。几个月后，他们呼吁欧洲各国政府将荒芜地区的土地交到年轻人的手中，让他们创建自给自足的合作社，重振经济萧条的地区。[37]

　　1973 年，佩罗和十几名追随者来到上普罗旺斯省的福卡尔基耶，在位于山腰的 240 公顷无人耕种的农田上建立了一个"欧洲合作社"。他们把这个合作社取名为"Longo maï"（龙谷脉），这是普罗旺斯方言，意思是"愿它长久"。安排合作社购买土地的关键人物是一位城市出身的农场主，他是一位回归土地者，在当地 SAFER 的董事会任职。1936 年，为了同和平主义作家让·焦诺会面，二十岁的他到访该地，随后购买了土地。[38]

　　在佩罗的设想中，龙谷脉这个地方不是用来体验焦诺所推崇的乡土生活和农业劳动的价值。相反，他向他的年轻追随者提出，应将龙谷脉定位成一个山区多面堡，作为连接城乡的乌托邦战斗战略的一部分。他喜欢说："城市中的猿猴，需要山中的老虎来控制。"[39] 其他革命者也看到了农村和城市环境中的潜能。罗伯特·林哈特是极左翼、亲中国的革命青年团体"马克思列宁主义共产主义青年联盟"（UJC）的领导人和理论家。他曾在塞文山脉的一座山上的偏远农舍度夏，并在那里写下《装配线》。该书记录了他在巴黎大区的雪铁龙工厂装配线上工作一年的经历，堪称经典之作。此时，林哈特的一位同志已在塞文山脉附近，利用一个废弃的小村庄建立了一个公社。[40]

　　佩罗和他的核心圈子认为自己是左派激进分子，而非具有生态意识的农业主义者，并蔑视任何回归自然的意识形态。[41] 虽然龙谷脉的创始人托庇于农村，但他们并没有回归土地。这使得他们有别于 20 世纪 70 年代开始到来的第二波乌托邦主义者。即便如此，随着龙谷脉的发展壮大，新的追随者也开始从事农业活动，比如有人在老练的牧羊人的指导下，采取传统的季节性迁移放牧方式来养羊。[42]

　　20 世纪 60 年代末和 70 年代初的农村乌托邦主义者认识到了谁是他们的先驱。在龙谷脉的早期，佩罗坚持让他的年轻追随者阅读和讨论 19 世纪乌托邦社会主义者的作品，如傅立叶、圣西门和罗伯特·欧文。这三人都曾在农村地区创建可作为模范的社会。[43]1968 年后回归运动的其他参与者则在不那么遥远的过去，也即 20 世纪五六十年代那些离开城市、前往法国中部和南部山区生活的人中间，寻找乌托邦主义者。例如，1969 年，为了"了解集体生活"，马克·萨拉西诺去见了约瑟夫·兰扎·德尔瓦斯托，这位信奉基督教的甘地门徒在拉尔扎克高原的边缘建立了一个名为方舟的大型农业公社，拥有农田 1200 英亩。[44] 德尔瓦斯托的目标只是本着和平和非暴力的精神，以耕作为生。

　　事实上，龙谷脉的激进分子和其他 1968 年后的乌托邦青年，并非最早提出振兴无人继承的贫困山区的理想主义者。20 世纪 70 年代的公社成员和新农村人看中

的山区，早在 20 世纪 50 年代就迎来了一些富有远见的
天主教徒。后者在那里成立组织，致力于保护自然和维
系社会纽带，他们以基督教的灵性为基础，要求采取社
会行动并崇尚自然，以重建和保护山区。皮埃尔·里夏
尔是一名在巴黎长大的医生，于 1951 年来到东塞文山
脉定居，对农村社会的参与和对自然世界的热爱是他的
两大动力。1956 年，里夏尔带头反对法国电力公司在
该地区修建水坠坝的计划。他与当地农村精英中一些想
法相投的自然保护主义者合作，制定了在塞文山脉建立
自然保护区的基本原则和理念，并力求尊重和融合当地
居民的活动和文化。里夏尔的努力对 1970 年法国第二
个国家公园，即塞文山脉国家公园的建立起到了关键作
用。[45] 里夏尔可谓扮演了皮埃尔·拉比的导师，后者为
了加入里夏尔的绿色行动，于 1960 年携妻搬到阿尔代
什省。1938 年，拉比出生在阿尔及利亚的一个穆斯林
家庭。从六岁起，他由一个来自欧洲的基督徒家庭抚
养长大，然后在 1958 年移居法国。搬到阿尔代什后，
他成为有机农业的先驱和法国可持续农业运动的创始
人之一。[46]

　　持反主流文化的激进立场、试图建立乌托邦公社
的 1968 年五月风暴之子，跟 20 世纪五六十年代的天主
教人文主义生态学家一样，都批判现代生活中的物质主
义。这两个群体都将无人打理的果园、无人耕种的田地

视为被现代化蹂躏的农业景观，认为正是现代化驱逐了土地上原有的承租人。一些人充当保护主义者，致力于在偏远的荒郊野外建立国家公园，另一些人则越来越多地投身于农业，对抗电力公司、伐木企业和次要住所购买者的利益，捍卫小规模农业的美德。他们的乌托邦愿景的核心，是一种基督教或者社群主义的团契形式，即不仅要让人类重新定居在这片景观中，而且要重新认识它，使其独立于那些仅以经济价值作为标准来定义它的力量。

文化冲突

尽管这些"乌托邦移民"经常把自己要去的地方想象成荒无人烟的旷野，但他们很快就会发现一个由地方当局、小镇居民，以及居住在邻近的村子或分散的农场里的农民组成的农村社会。当地人称这些公社成员和新农村人为"嬉皮士""废柴（zippy）""雅痞"和"长头发"，目光中混杂着好奇和怀疑，甚至是赤裸裸的猜忌。[47]新移民则抱怨警察对他们进行了侵入性的监视，经常不通知便来到公社，要求检查他们的身份，并盘问他们的邻居。[48]一个极端的例子发生在1973年10月的龙谷脉，当时生活在公社的八名非法国公民被立即驱逐出境，表面的理由是他们的签证逾期。这八人均为男性，分别是三名瑞士人、三名奥地利人、一名德国人和一名英国人。媒体对该事件的报道，导致好多法国人加入龙谷脉，使得该合作社改变了最初由奥地利和瑞士活动人士为主的状态。[49] 但最耸人听闻的，还是在 1977年 8 月 24 日的一起三重谋杀案后，警方对公社的监视行动。这起谋杀案是皮埃尔·孔蒂在持枪抢劫银行的过程中犯下的，他曾是阿尔代什省的一个农业合作社的领导人，素有与邻居不和的名声。[50] 这一罪行引发了警方对当地的公社和合作社的一系列突袭。作为回应，龙谷脉号召各农业公社联合起来，共同抵御这场将他们污名化为"内部敌人"的行动。孔蒂事件所具有的惊世骇俗的性质，吸引了全国媒体的报道，并引发当地人与新移民的关系危机，其反响持续多年。[51]

然而，新移民和他们的农民邻居互助的佳话也比比皆是，尤其是当本地人对新农村人的观感好转，认为他们是认真务农的好工人时。电台主持人达尼埃尔·梅尔梅讲述了一个戏剧性的团结时刻：阿尔代什省的当地农民深更半夜来找他儿时的朋友皮埃罗，一个来自巴黎郊区但如今生活在公社里的工人阶级青年，修理坏掉的灌溉系统。[52] 当年轻的新移民与爱和人打交道的独居老农结为忘年交时，他们的关系显得尤为融洽。[53] 米歇尔·贝松和贝尔纳·维达尔描述了他们如何受到农民工团主义者（syndicalist）的欢迎，后者在更为激进的公社成员和新农村人中找到了政治盟友。在中央高原南部，这样的联盟非常重要，可以为拉尔扎克的抵抗运动争取到支持。[54]

即使新移民没有直接参与政治，他们也经常表示希望自己能被接纳。1973年3月号的《当前》杂志刊登了由"阿兰和索朗热"撰写的一份简短的"公社成员礼仪手册"，其中提出了相关的建议："在进入这个封闭的环境时，不要过于招摇，而是得保持低调、友好、礼貌……不要把自己强加于人，要和他们谈谈你是谁、你想做什么，谈谈你的父母……和他们谈谈他们的牲畜、土地和天气。学习用粗糙的烟草卷香烟，当然，切忌看起来像个模仿者。"[55] 然而，一些公社成员和早期的新农村人并不打算遵从农村社会的保守规范，也不认为融合是一个现实的，甚或可欲的目标。

要想实现自给自足，得进行高强度的农业劳动，但并非所有人都能胜任这项工作，或者做好了这种准备。对此，《C》的撰稿人建议新来者一开始最好是给当地农场主当雇工，以换取牛奶和土豆等基本食物。在法国的东南部，公社成员经常在葡萄的收获季节去当季节工挣钱。[56] 也有人去建筑工地和农场当临时工，这类报酬是私下里支付的。[57] 要让新生活变得稳定，一种受欢迎的做法是由公社成员外出挣取工资。他们如果拥有一些

实用的技能，尤其是接受过卫生或教育方面的训练，就
可以在外面找到稳定的工作。一个由五个朋友（他们是
1968年5月在格勒诺布尔时认识的，当时他们还是学生）
在1970年创办的小型公社就是这么幸存下来的。其中
两名成员是教师，公社可以指望他们阶段性地就业。[58]
如果没有这些外部就业，许多公社一旦耗尽创始成员筹
集的启动资金，就会陷入困境。[59]

　　物质上的艰苦和贫困可能会让人幻灭。《C》所刊载
的简讯，广播和电影纪录片中的证词，满是公社成员
如何在简陋的住房中忍饥挨冻地度过第一个冬天的故
事。一位给《C》投稿的人谈到拮据的生活是如何限制
了他们：

　　　　贫穷的冒险，看似富有诗意，但从长远来看，
　　是不会有结果的……靠两只山羊、六只鸡、一些
　　蔬菜和一袋五十公斤的糙米，一个人能撑多久？
　　一年……也许可以撑两年……然后呢？我们可以选
　　择用自己的双手生产最基本的必需品，实现自给自
　　足，而不去享受技术进步带来的好处……不过在我
　　看来，即使这是个人或集体层面的宝贵经验，它并
　　不足以创建一个可持续的替代体制。[60]

　　公社成员遇到的最重要的挑战是学会彼此生活在一

起，而不断涌入的外来访客只会提高这一挑战的难度。
许多公社奉行"最大限度欢迎"的原则，这意味着他
们必须应对大量好奇的外来者的到来。例如，弗雷西
努斯公社的核心成员为 9 至 15 人，但该公社第一年就
接待了约 700 名来访者。在米歇尔·贝松看来，集体
生活提供了"丰富的人类体验"，但它也导致了"各个
层面的瘫痪性的紊乱，不管是在经济上（不可能在农
业或其他任何基础上实现自给自足）、政治上（孤立、
缺乏表达），还是情感上（持续的、令人担忧的不安全
感）"。他在一年之内就离开了公社。[61]

最终证明，贝松列出的问题几乎是所有试图通过公
社生活来寻求"别样的生活"（vivre autrement）的人
都无法解决的。1978 年，贝特朗·埃尔维厄和达尼埃
尔·莱热在做了广泛的实地调查后，得出结论称，"这
些打算预告一个新世界的激进公社，几乎什么都没有留
下……较大的自由主义公社，1969—1971 年回归土地
运动的灯塔，都已经分崩离析"。[62] 面对这种情况，马
克·萨拉西诺在 1973 年从哲学上提供了距离，以保护
公社的理念尽可能不被现实的失败伤害："你必须知道如
何相聚，但也要知道如何分离……公社并不求长存，在
一个地方形成的核心团体可能很快就会解体，但会在其
他地方重建。"[63] 1976 年，萨拉西诺离开山区前往巴黎，
在贝尔维尔建立了一片大型的"非法占地"（suqat）。[64]

1979 年，罗贝尔·法布雷如此回顾他在拉布拉谢雷特的经历：

> 我仍然相信公社模式可以作为一种社会体制……［但］我不认为一个人，不管是我还是其他任何人，能够转变我们的关系，真正地过上别样的生活……我确信，从社会、经济和情感的角度来看，在集体中生活要明智得多，［这样就］可以以不同的方式来体验事物，可以质疑自己，进行更具有想象力和诗意的交流，从而让生活更充实，也更有趣。但要做到这一点（这也是我们失败的地方），或者我们先前必须有不同的经历，或者发生了比 1968 年 5 月的文化大爆炸更有冲击力的事情。

尽管对绝大多数尝试过的人来说，公社生活被证明是无法维系下去的，但有些人在他们的公社或合作社解体之后仍然留在那里，以个人、传统夫妻（异性恋和一夫一妻制）或小家庭的形式立起了门户，想在农事上有所成就，或者从事工匠工作。20 世纪 70 年代中期，第二波"乌托邦移民"加入了他们的行列。

定居

在 1975 年之后来到农村的人，更喜欢被称为"定居者""新农村人""新农民"。他们表示，希望能长期在乡下定居，至少在一定程度上靠农业为生，并成为所在社区的一部分。与他们的先行者相比，他们往往有具体的计划、一些积蓄，以及一些实际的农事经验。有的甚至接受过正规的农业培训。与公社生活的实验相比，他们的愿望更加具体，没那么多全球乌托邦的色彩。[65]在 20 世纪 70 年代末的一次访谈中，一位由公社成员转变而来的新农村人愉快地、表情并无一丝遗憾地承认，早先的公社未能重塑人类社会："1968 年 5 月之后，我们试图别样地生活，试图寻找到新的方式，将人与人联结起来。结果是我们搞砸了，但我们获得了快乐。整个故事就是这样。"[66]

第二波新农村人关切战后工业资本主义对环境的牺牲，并将这种关切作为其批判消费社会的核心。他们的理想是按照绿色原则，以健康和本真的方式自给自足地生活，而非寻求建立一个反社会和一种平行的经济。[67]自给自足本身就是目标，《贫困生活手册》和《重新生活之道》尤其强调这一点，而后者成了新农村主义的必读手册。[68]1973 年的第一次石油危机和随后的经济衰退，使得对自给自足和自治的关注获得了势头。自己种植粮

食，不仅被视为一种本身就值得追求的理想，也是节省
个人开支和通过为本地市场生产而谋生的手段。公社成
员基本上是排斥国家的，而新农村人则会去寻求当地机
构的帮助，好让自己安置下来。[69]1977—1978 年在法国
东南部进行的一项社会学研究表明，第二波回归土地的
参与者拥有不同的社会背景和经历，包括失业青年、前
中层管理者、对职业不满意的高级主管，以及工人和一
些农校的毕业生。[70]还有一些人在农村长大，外出工作
或求学后决定返乡。一些人被第一波新农村人（即所谓
的边缘人）的示范说服，相信通过限制开支是可以活下
去的。[71]

　　就整个法国而言，新农村人从事的农业活动可谓多
种多样，从养绵羊和山羊产奶，到养蚕，再到产果酱和
蜂蜜。在进行自给自足的农业活动时，一些人保留传
统的方式，另一些人则采用了新技术。有机农业绝非
常态。[72]起初，许多环保主义者对反核运动的兴趣要超
过对农业的兴趣。事实上，在一直延续到新农村时代的
龙谷脉，年轻的激进分子更关心的是与奉行戴高乐主义
的权力结构作斗争，而不是环保。他们自己几乎没有耕
作经验，只能跟随周边农场主的步伐，转而采用现代化
的农业方法，大量使用合成肥料。[73]

　　与之前的边缘人一样，对第二波新农村人来说，找
到可用的土地仍然是他们面临的主要障碍。到 20 世纪

70 年代中期，首选地区（普罗旺斯、阿尔代什和阿列日）大部分经济适用的房子和土地都已被外来者买走，包括第二家园的购买者，以及将购买土地作为一种投资形式的金融集团和个人。[74] 最早在人口减少的地区购买土地的，是 20 世纪 50 年代作为政府重新安置计划的一部分从法国其他地区迁入的农场主、阿尔及利亚独立后迁入法国的北非人（所谓的黑脚），以及来自法国北部和北欧的富裕农场主。从 1970 年开始，将农村空间以其他方式（投资、耕作、欣赏自然、开发项目、旅游和休闲）利用的设想再次出现，这极大地抬高了人口减少的农村地区的土地价格。[75]1972 年底，《观点》新闻周刊指出：诺曼底和巴黎盆地等进行大规模农业生产的地区，耕地价格与前一年相比，几乎没有变化；在位于塞文山脉（该地区深受次要住所业主和新农村人青睐）的洛泽尔省，土地成本则上升了 38%。该周刊将这一上升趋势归因于"对次要住所的抢购"。[76]1974—1975 年间，阿尔代什省的耕地成本上升了 28%，而全国平均而言上升了 13.4%。[77]次要住所市场的繁荣加上旅游业的发展刺激了土地投机。上了年纪的农场主——更多的是他们已经进了城的继承人——倾向于以尽可能高的价格出售农业用地。[78]

　　使得新农村人的生活更加困难的是，他们几乎找不到土地可以租赁。年长的农场主可能愿意出租他们的耕地，或者基于口头协议给予新农村人放牧权，但对于这些新手来说，事情的变数太大，因为仅需一个通知，这些权利就可以瞬间被收回。住房也很难找到。在那些风景如画的地区，尚未完全毁坏的房屋要么仍在继承人手中，要么被开发成旅馆，或者作为次要住所出售。[79]总之，农业新手们，包括农场出身的年轻人，都面临着土地和住房供应的危机。[80]

在这样的市场环境下，许多未来的新农村人不得不求助于当地的主政者，或者与 SAFER 的地区机构接洽。[81]1975 年，对阿列日省（位于比利牛斯山山麓）和埃罗省（位于塞文山脉南部）的 SAFER 各机构开展的一项研究显示，一半的土地申购者没有任何农业背景，其中 75% 是城市人，主要来自巴黎大区。这些新来者无一例外都面临着当地老资格的农场主的激烈竞争，因为 SAFER 的任务便是帮助那些在农村人口外流中余存下来的小农场主扩大经营规模、整合土地。这一机构的主要目标是以出售或出租的方式，将土地提供给被判定为有能力经营农业的人。[82]新农村人还得与当地年轻的准农场主——他们自己的同代人——争夺土地，以图在农业领域站稳脚跟。

SAFER 各分支是按地区组织的，因此很难对当地的政策和决定一概而论。在阿尔代什省，一些观察家认为 SAFER 为新农村人提供了帮助。另一些人则认

为，该机构主要是为较大的农场主（由最大的农场主工
会 FNSEA 代表）的利益服务，而农民联合会只扮演咨
询者的角色。[83] 确实，阿尔代什省的一些新农村人批评
SAFER 根本没有为农业社区服务，该机构不是向想要
耕种的人提供土地，而是支持将土地卖给第二家园的所
有者。[84]

购买或租赁土地的困难，要求第二波新农村人比他
们的前辈做好更充分的准备，并寻求接受正式的培训，
以学会如何玩转政府的援助和补贴体系。[85] 这种困难也
促使他们去开发尚未开发的市场空间，其中最突出的是
山羊奶酪的生产。[86] 在传统的混养农业中，农妇制作山
羊奶酪主要是供家庭消费，仅有少量多出来的奶酪会被
拿去卖。20 世纪 70 年代，人们开始对山羊奶酪进行商
业化生产，以在当地市场直接销售，这给了新农村人一
条谋生之路。饲养山羊和制作奶酪虽然很费人力，但并
不需要在设备或土地上进行大量的初始投资。山羊的购
买成本低廉，既可以用买来的干草喂养，也可以把它们
放到休耕地、公地或路边去吃草。饲养者因此避免了债
务加身，而对于那些从事主流农业的人来说，背债日益
成为普遍现象。罗贝尔·法布雷和维奥莱纳·诺埃尔在
养蜜蜂时，也采用了类似的低投资策略。

伊丽莎白·梅内是西贡斯（位于上普罗旺斯阿尔卑
斯省）的一位农场主，她的经历就是这种"以劳动代替

资本"的常见策略的例证。[87]1959 年梅内出生于巴黎，1969 年她的父母在洛特省买了一栋房子。一家人会去那里度假，也去阿尔代什省。1975 年，十六岁的她说服父母同意她进入尼姆的一所农业高中。到了暑假，她便去福尔卡基耶郊外的乡下工作。二十岁出头时，她在那里定居下来，养了三四十只山羊，把羊奶卖给当地的批发商。要想通过产出足够多的羊奶来维持收支平衡，就需要更大的羊群和更多的土地。因此，1984 年，她开始制作山羊奶酪，并在福卡尔基耶的市场上销售至今。[88]梅内是 20 世纪 70 年代中期起步的许多新农村人中的典型代表，他们并不怎么想绕过资本主义体系，而是寻求小规模地生产农产品（山羊奶酪、蜂蜜和果酱），并在当地市场、餐馆或合作社直接销售。在这样做的时候，他们也参与了旅游经济。[89]由于跟城镇和城市保持了联系，而非选择避而远之，这批新农村人得以培育出更为广泛的分销网络。[90]

然而，根据社会科学家们在 1977—1978 年间的观察，当地的农场主并不觉得这些后来的人与之前的公社成员有多大的不同。

从农业部门的角度来看，城里人过着另一种生活，抱着迥异的工作观念和管理目标。他们对学校教育和社交融洽（social rapport）的看法也总是令人费解。大量的朋友来来往往，这意味着某种……"滥交"；将亲近的称呼方式予以泛化使用；女性在农场中扮演的角色与男性一致——如此多的差异令人震惊，并被或多或少地认为与公社现象有关，而公社被认为更加难以理解。

由于这种态度，当新农村人试图在农业领域立足时，他们在资深农场主和农业机构（如农业信贷银行、SAFER）那里遭遇的社团主义倾向可能变得更严重。[91]

并不是所有人都能像伊丽莎白·梅内那样取得成功，也不乏尝试此类事业却以失败告终的城里人。例如，著名经济学家托马斯·皮凯蒂的父母于 1974 年离开巴黎，前往奥德省养山羊。托马斯的父亲出身于一个富裕的中产阶级家庭，却在高中辍学。他的母亲出身贫寒，十五岁退学，在银行当职员。据他回忆，他们一家在奥德的生活很艰难，最终没有撑下去：

> 我父母对失业的那些年毫无准备，我们的处境岌岌可危。其实 1968 年给许多人造成了巨大的损失，这些人为了理想在很短的时间内便抛弃了一切，然后又被 20 世纪 70 年代的经济危机击垮，只是大家都忘了。和许多人一样，我父母在非常年轻的时候，还不到十八岁，就参加了关于解放的讨论。他

们最终为此付出了代价……他们辍学了，他们不是知识分子，他们与家庭决裂。他们是后六八一代无名的大多数中的一员，人们从不谈论他们，从20世纪70年代中期开始形成的失业大军中充斥着他们的身影，而他们对此毫无准备……我父母从不谈及1968年那段岁月。我真的认为他们经历了一场很大的失败。

托马斯的母亲最终当上了教师，而他的父亲在做了多年的季节性农活之后，通过自己的努力逐步跃升，成了一名拥有学位的科研技术人员。[92]

新农民的外来者身份可能会产生相反的影响。一方面，作为该地区的新来者或者农业方面的新手——即使那些受过一些培训的人往往也没什么实际经验——他们经常面临当地居民、农民和要人的怀疑甚至敌视。另一方面，外来者的身份可以使他们摆脱习惯的束缚，进行创新。

许多新农民在受教育程度上也具有优势，他们的学历几乎总是高于当地的农民和农场主。这让他们既有信心，也有专门知识，知道如何通过复杂的行政程序获得培训机会和资金支持。与20世纪70年代中期的回归土地运动相吻合的是，政府和专业农业团体突然纷纷关注农业人口外流对土地管理的影响，以及在受这种打击最严重的贫困地区，农业如何作为一种职业（métier）继续存在下去。农业专业人士和 FNSEA 的领导层都从新农民身上看到了当地经济得以延续和生存的力量。例如，1977 年，担任羊农联合会奥德省分会主席的牧羊人阿尔邦·波明确提到了这个问题。他写道，对新农村人的援助"既符合绵羊和山羊养殖经济的利益，也符合农场主和全体农村人口的利益。社会显然迫切需要帮助这些愿意付出身体、道德、经济和心理代价来振兴我们荒芜地区的年轻人"。[93]

虽然 20 世纪 60 年代的农业政策一直在促使年轻人离开乡下，但因为受到农村荒漠化的威胁，政策在 20 世纪 70 年代中期发生转向，开始帮助年轻的初次务农者在他们的前辈十五年前被鼓励放弃的地区站稳脚跟。1975—1980 年间，法国农业部和众多农业机构协调行动，在被认为"困难"的地区（中央高原、塞文山脉、阿尔卑斯山南部和比利牛斯山）推广绵羊和山羊饲养，而这些地区是回归土地运动的主要目的地。[94]

1979 年 5 月，行业杂志《农业企业》出版了一期名为《安置》的特刊，专门讨论扶持年轻农场主的问题。该杂志在一篇社论中阐述了其中的利害关系，该社论的标题十分醒目，叫"安置：年轻人或沙漠"。文中逐字引用了 FNSEA 主席的话：

过去，即 1970 年以前，我们不得不组织年老的农场主退休……并引导年轻一代去从事其他的职业。现在情况反过来。务农人口需要稳定下来。如果我们不想看到"法国沙漠"的出现，我们就必须做更多来帮助年轻人安置下来，而且动作要快。[95]

这种做法意味着不仅需要鼓励农场主的儿子和孙子（女性不在考虑之列）继承家业，还需要承认新来者的潜力。

这一期《农业企业》杂志可充当一本手册，用于了解有哪些政府资源可用，需要什么资格，以及需要走什么样的申请程序。一张占据两页纸的图表，列出了十六种不同的补助金和贷款，说明了它们的用途、所需的资格条件、可获得的总额、受助人的义务，以及在哪里可以获得更多信息。最慷慨的补助金、贷款和津贴提供给了年龄在十八岁到三十五岁之间，且服过兵役的年轻农场主。显然，这一制度更偏向于男性；专为女性设计的补助金数量少得可怜。其他贷款和支持则没有年龄要求，可用于帮助农场主购买土地、改善房屋、对现有的农场进行现代化改造，以及学习基础会计。任何十八岁以上的农业新手在完成一段时间的上手培训之后，都有资格获得月度津贴。[96]

政府的这种支持无疑可以促使申请参加农业培训

与职业推广中心（CFPPA）培训项目的人数大幅增加。1975 年，据《观点》周刊报道，在朗布依埃的法国国家羊圈培训项目的参加者候选名单上，报名者已经排到了两年之后。[97]负责教学计划的农学家报告说，都市人对走出城市有着浓厚的兴趣：“出租车司机、时装模特、工程师、医生、法国航空公司的秘书和护士等厌倦了城市生活的人都来找过我们。”1978 年，上加龙省帕米耶的牧羊人学校 80% 的学生都来自非农业家庭。[98]农业联合会埃罗省（位于塞文山脉南部）分会资助的 1978—1979 年专业农业培训项目有 22 名学员，其中只有 8 人来自农民家庭或来自该地区。[99]

可以肯定的是，并非所有新农村人都能够或者想要达到成为青年农业者的资格条件，并参与主流农业。许多理想主义者无意效仿当地农场主，拥抱以高产为目标的体系。罗贝尔·法布雷说：“我们不是职业的农场主。如果一个人迫于压力要最大限度提高产量，那他就成了系统的一部分。”作为拉布拉谢雷特公社的联合创始人，法布雷和他的同伴维奥莱纳·诺埃尔选择靠 150 个蜂箱作为收入来源，并用菜园和自己饲养的兔子、鸡来养活自己。法布雷估计，扣除生活开支和偶尔外出看电影的钱，他们的共同收入相当于一份最低工资。在他看来，“我们并不穷。只是其他人变得富有了……我已经被农民的世界所同化”。[100]相比之下，许多第二波新农村人愿意寻求政府补助，这表明他们渴望在农业领域有所成就，并融入新社区，包括送他们的子女去当地学校上学——甚至让已经关门的学校重新开办。[101]

对于那些子女已随农村人口外流潮而离去的农民来说，新农村人在国家的帮助下取得的成功，是一剂难以下咽的苦药。几代人以来，年轻人往往在家人的鼓励下，离开艰辛的农作生活，前往城镇和城市寻找工作。20世纪五六十年代，他们接收到的信息是，自己所在的地区正在消亡，而他们对此什么也做不了。如今，到了20世纪70年代，来自城镇的外来者却来到这里，意欲证明一个人确实可以靠农业为生。加尔省的索马内是一座位于塞文山脉的村子，1979年，该村的村长解释说：

> 当地的孩子们大多离开了，因为他们无法靠土地生活。他们大多不再务农。有些人犯糊涂，在父母去世后便把房子卖了，这样的人甚至还不少。与此同时，一些人来到这里，声称务农可以挣得一份生活。好吧，我们心里很清楚这是不可能的，而且我们现在依然清楚，没有［政府的］帮助，这是不可能的。那些辛苦工作了一辈子的老人确实感到很沮丧，他们看着自己的孩子离开，而其他人到来。几年后，也就是1975年，为年轻农场主提供的援

助已然到位——这是一件好事，但心里确实有一点不是滋味。[102]

新移民的到来可能让人觉得其中暗含着对如此多农村人决定离开的谴责，甚至还有对农村人已经失败的暗示。城里人放弃收入丰厚的城市工作，到乡下从事收入和地位都较低的职业，这一事实使得几代农民离开农村的决定受到质疑。[103] 这些新来者认为自己能取得成功，而农民却不能。他们还认为自己正在复兴垂死的农村社会，这对长期居住在农村的人而言是一种羞辱，甚至会激起后者的敌意。新移民只要洞察力稍强，就会知道这一点：

> 这么说吧，他们之前说［判定］在这里生活是不可能的，那么看到我们在他们不想做或不敢做的事情上取得了成功，他们脸上会挂不住。他们看到有人努力在这里生活，有人真的是在努力地想扎下根来，这让他们感到不自在。确实是很不自在。这就是为何每当看到我们摔倒在地，他们都要发出嘘声。[104]

相比之下，乐观主义者则推测，新来者的"成功"可能会鼓励当地农民的孩子留下来参与改变。[105]

确实，20 世纪 70 年代新农村人与农村社会的相遇
（encounter），被证明从多个层面给村庄和村镇的居民，
尤其是给农民造成了困扰。即使是在关系融洽、邻里互
助的地方，农民和新农村人依然是两个分离的世界。阿
尔代什省的一位新农村人把话说得很直白："我们永远不
会成为农民，他们也永远不会成为新农村人。这是两种
不同的文化，两种不同的生活方式。我们可以住在同一
个屋檐下，可以友好相处，但我们永远无法实现绝对意
义上的融合。"106

然而，相对于消费充足、经济增长的社会，这两个
群体有着共同的边缘地位。战后加速的现代化进程和繁
荣发展，绕过了 20 世纪 70 年代定居在较为贫穷、偏远
地区的新农村人。这种现象并不新鲜。用记者让-克洛
德·吉耶博的话说："长期以来，在法国社会中，农民一
直被工业化抛在后面，被排斥在'体面'社会之外。现今，
这种屈辱的痕迹依然很深，农民的处境依然很不利。"107
20 世纪 70 年代的反主流文化运动，正是要寻求甚至享
受传统农民的边缘地位，这些传统农民在农业工业化中
参与最少。新农村人最初之所以走向边缘，是为了在姿
态上拒绝"辉煌三十年"带来的消费社会。经济衰退导
致的工作岗位短缺，让他们又多了一个理由，即通过"回
归土地"来寻找一种可以替代主流的生活图景。农民和
新农村人的相遇，虽然总免不了产生紧张和冲突，但也

有相互的好奇和交流。吉耶博观察到，"在阿尔代什省的一些角落，经常可以看到一位老农民与一位电力工程师坐在一张桌子旁，言简意赅地谈论着与土地、生活有关的事情……这种相遇……无疑堪称我们这个时代最有力的象征之一。以这种方式，被时代进步困扰的人，向没有跟上时代步伐的人请教"。[108]

从 20 世纪 70 年代中期开始，"回归土地"的幻想在公众的想象中丰富起来。正如《玛丽·克莱尔之家》每月的专栏"旧房翻新"能够激发"纸上猎房者"的想象力一样，整个十年间媒体对回归土地运动的持续报道培养了公众的热情。他们憧憬着能远离此在的现实，去乡下开启新生活。

在第一波回归土地运动中，公社的成立引发了一场名副其实的"媒体爆炸"。报纸、杂志、电视和广播的报道，记者的长篇特稿，参与者第一时间撰写的回忆录，争夺着公众的注意力。[109] 每当发生了公社成员威胁到或者似乎威胁到公共秩序和安全的轰动性事件，引起举国关注，这类报道便又会借着热点来一波。1977 年的"孔蒂事件"标志着法国公社史的一个新篇章，而美国同期也发生了曼森家族谋杀案和帕蒂·赫斯特绑架案，暴力和犯罪问题主导了有关反主流文化的讨论。毫不奇怪，公社成员对记者们非常反感，认为记者都是偷窥狂，喜欢四处挖猛料，制造谣言。

与公社的短暂实验相比，第二阶段的回归土地运动虽然没那么耸动，但对新闻界而言，却有更为广泛的诱惑力。新农村人投身于小规模农业和农村生活的复兴，并崇尚更为常规的家庭结构，这使得他们置身于得到认可的畜牧传统之中。环保主义的传播（拉尔扎克保卫者得到的广泛支持是其标志性的证明）使得土地回归运动日益被视为具有社会和政治重要性的发展。1977 年，面向青年的左翼日报《解放报》发表了一篇由三部分构成的深度报道，赞扬了 3000 名新移民"振兴塞文山脉古老农村"的决心。中间派的周刊则持更加怀疑的立场。例如，《观点》周刊怀疑"绿色大梦"具有长期意义。不过，该杂志在表达困惑和嘲讽的同时，也并未将"回归土地"当作仅仅是一时的风气而打发掉："时尚？毫无疑问，但这种回到乡土的冲动有着更深的根源。"[110] 最后，来自城市的年轻夫妇在遥远的法国乡村安家落户的故事，为媒体充满人文趣味地报道当代生活方式的趋势，提供了丰富的素材。其中不仅生动地展现了法国农村的未来，也具象地反映了城市的问题和兴衰变迁。

1975 年，让-克洛德·吉耶博挖苦了主流社会在赞美那些拒绝世俗成功的人时所表现出的悖谬："那些有勇气拒绝时代——拒绝它的机械的抱负、它的经济目标、它的教条、它的失败的革命，以及它的矛盾——的人，却受到这个时代暗地里的颂扬。"他接着说，"很少有一个社会像法国社会这样承认自己的深刻混乱，它居然狂热地赞美那些否定它的人"。吉耶博评价道，"回归土地"的意义不在于参与者的数量，也不在于他们的具体经历，而在于彻底改变生活这种补偿性的幻想。"只要我们相信还可能有其他选择，我们就能更好地接受当下，接受人满为患的城市、不如人意的都市生活、让人异化的工作，以及只能用带薪休假这种方式进行的无趣逃避。"[111]

在20世纪70年代的法国，一个很独特的现象是，开启新生活的梦想往往特定地与成为一个牧羊人联系在一起。《玛丽·克莱尔之家》谈到了这一古老生计焕发的新魅力。1974年1月，该杂志发表了一篇题为《做还是不做牧羊人？》的图片故事，占六页的篇幅，将牧羊人重新树立的声望，归因于人们通过返璞归真来改变生活的普遍希望、古典和宗教意象的力量，以及拉尔扎克高原上正在上演的当代戏剧——土地耕种者在那里与政府的征地行为斗争。拉尔扎克事件已然成为一个象征："对那些人来说，'成为牧羊人'同时意味着'过上别样的生活'，而拉尔扎克［运动］凝结着他们所有的愿望；它成了一个纪念碑式的符号。"

该杂志承认拉尔扎克作为象征可能"美好而有力"，但也告诫读者，养羊是一项很现实的日常活动，需要"能力、劳力、资金投入和适应能力"。在拉尔扎克高原成功从事农业的人都是"真正的专业人士"。"如果你［已经〕拥有自己的土地，那你还可以勉强维持生活。如果你必须购买土地、牲畜，并承担开办成本，那你的失败是板上钉钉。"文章最后引用了"被召的人多，选上的人少"*这句话，并做了充满哲理的注解："如果成为牧羊人意味着改变一个人的生活，那么改变生活并不在于成为牧羊人，而在于改变存在、思考和忍耐的方式。不只是喀斯高原才有拉尔扎克，里尔、里昂、波尔多、马赛和巴黎也有。"[112] 换言之，牧羊是一种心态。

七个月后，《玛丽·克莱尔之家》用一整期的篇幅讨论了城里人搬出城市是否会更幸福这个更宏观的问题。开篇的社论问道："谁没有在某个时刻问过自己：如果我换一种活法会怎样？如果我离开城市，离开生活在城市的种种不便和烦恼，会怎样？本期特刊就是为你准备的。"[113] 通过刻画那些实现了跃迁的人，这期杂志讲述了一个警世寓言。打头的文章用六页长的篇幅介绍了一对夫妇，两人都是专业人士，选择离开巴黎迁往西南部的一座小镇。他们这时看起来很幸福，但这种幸福能持续多久呢？妻子已找到幸福的秘诀：她继续从事室内装饰的工作。她的丈夫曾是一位电视制片人，担心自己很快就会厌倦他们的新生活，但他似乎决定随遇而安。他喃喃自语道："无论如何，两口子在一起，总得有一个

---

* 出自《马太福音》，据和合本。

人让步。"[114] 接下来是一篇长达九页的报告文学，讲述了一群艺术家和工匠的故事，他们定居在朗格多克-鲁西永大区被遗弃的村庄里。标题带有宣布的意味："有一天，他们决定一去不复返。"[115]

悲惨的故事在最后登场，在"相信我，我做到了；但随着时间推移，我再也无法忍受"这个大字标题的下方，一位女士讲述了她如何离开巴黎，嫁给一个养羊的男人。那个美丽而偏远的村子距离最近的大城镇也有80公里。没有自来水，房子再大，也很快失去了魅力。她本来打算为一位巴黎设计师生产手工毛衣，但这项事业被证明根本不可能取得成功。"对女性来说，除非你喜欢乡下的工作，否则所有的工作努力在大多数情况下都注定要失败，或者只是暂时的。"为了上初中，她的孩子们不得不寄宿，只有周末才能回来。她警告说："如果你住在农村，当你的孩子年满十岁时，你很可能会与他们分离。切记这一点。"孤独是一项十足的重负。朋友的范围很窄，离得也太远。文章的结尾有些做作，作者引用19世纪法国小说中最著名的女性形象，描述了一种可能的结局：

　　　于是你开始失去希望……你忙忙碌碌，你一事无成。你的头脑变得迟钝。你身上的女性特质越来越少。很快，你的生活变得不成样子。很快，你就什么也不是。这就是结局。为了让余生快点过去，你只能成为一个投毒者（就像拉法热夫人），在窗前制造麻烦——以便更好地观察旅店里的来来往往。或者自杀，就像包法利夫人。[116]

该期杂志的剩余篇幅提出了解决方案，认为读者应该把主要住所安在城市，通过旅行来消费乡间生活，"在旅行箱里带一点乡村的气息回家"。"毋庸置疑的是，并非每个人都能离开城市，在乡下扎下新根。"[117]

《玛丽·克莱尔之家》建议把体验乡间生活作为一种幻想，或者说周末的幻想，这并不奇怪。毕竟，"回归土地"最简单也是最激进的要求，就是拒绝该杂志所倡导的消费文化。主流媒体对"回归土地"的持续关注等于承认了农村乌托邦主义带来的挑战。1975年，吉耶博断定，"回归土地"是"一个无法触及的金色梦想，一种既诱人又无法实现的执迷……仅此而已"。[118]然而，时间表明，乌托邦主义者值得严肃对待，不仅因为他们激发的梦想，也因为他们的实际行动。就其人数和他们选择定居的偏远地区而言，回归土地者的确都是些边缘人。但这种边缘状态是因为他们深刻质疑战后消费社会、进步的价值，以及农村在现代生活中的地位。他们提出的观点在主流文化中冒头，促进了生态意识的萌发，并最终推动了法国环保主义和可持续发展理念的完善。在随后的几十年里，那些留下来的新农村人参与了城乡文化的互融，而这种互融是当代法国农村的特征。

第四章

进步与怀旧

农民生活回忆录

　　贝尔纳·皮沃主持着一档广受欢迎的文学脱口秀
节目，名叫《撇号》（Apostrophes），每周播放一次。
1978 年 2 月 10 日，他把五位女作家请到他的节目中讨
论新书。到场的嘉宾包括著名的女权主义活动人士、记
者和作家，其中还有一位身体硬朗的老妇人，一头花白
的短发，目光清明，神情专注，双手抱膝而坐。她身上
的老式针织衫，与巴黎知识分子穿着的圆翻领毛衣、别
致的裙子和皮靴形成了鲜明对比。她对女权主义、和平
主义、环保主义和政治参与直抒己见，在节目中抢尽了
风头——所有这些见解都是用乡下口音表达的。

　　埃米莉·卡莱斯此时已年近八旬，她是《野菜汤》
一书的作者，该书讲述了她如何在法国东南部布里昂松
纳地区的高山峡谷中生活。在皮沃的节目中，卡莱斯简

要提到了童年时的艰苦环境。她的母亲被雷电击中死在地里，一位姐姐夭折。之后她努力成为当地的教师，致力于改善周围人的生活。在与其他嘉宾的热烈交谈中，她提到了承认人类普世价值的必要性，并谴责了军国主义，赢得了观众的阵阵掌声。一个月后，卡莱斯的回忆录进入畅销书排行榜，并在榜单上停留了三十八周。[1]通过书赢得了人气，加上因为在电视上露面而广为人知，一年半后卡莱斯去世时，她已成为受人爱戴的人物。

埃米莉·卡莱斯在 20 世纪 70 年代末的声名鹊起，反映的是广大读者和学者对农民生活和农民社会的浓厚兴趣。本章将探讨书籍出版、电视节目、广告、历史学和民族志研究项目是如何向法国过去和现在的农村生活致敬的。美国人类学家苏珊·卡罗尔·罗杰斯提到，20 世纪 70 年代初她在法国做田野调查时，"几乎所有在本国开展研究工作的法国人类学家都在关注农村生活，农村历史学和农村社会学这两个专业都很被看重且充满活力……对法国的研究在很大程度上就是对法国农村的研究"。[2]

20 世纪 60 年代，在法国农民的历史研究领域，已经有多部重要的著作问世。[3]20 世纪六七十年代，由政府资助的研究团队对农村社区及其居民开展了多项大规模的、长期的跨学科研究。其中最早的是在 1961 年，由新成立的科学与技术研究总评议会（DGRST）对布列塔尼地区的村镇普洛泽韦开展的一项大规模、多学科的社会科学研究。在社会科学高等学院（EHESS）、国家科学研究中心（CNBS）下属的农村社会学小组以及国家民俗艺术与传统博物馆（MNATP）的支持下，民族志学者研究了欧布拉克高原的定居点（1964—1968）和勃艮第的米诺村（1967—1975）。[4] 20 世纪 70 年代是 MNATP 这家主要专注农村世界的法国民族志博物馆的鼎盛时期。1972 年，该博物馆在巴黎西部拥有了自己新的现代化建筑和研究设施，挨着布洛涅森林。20 世纪 70 年代，它还获得资助，举办了许多颇受好评的大型展览，并制作了精美的目录。[5]

在普洛泽韦进行的大规模研究，标志着民族志的目光从遥远土地（通常是殖民地）的人民转向那些最早地启发了 19 世纪民俗学者的人：国家土生土长的居民。这一转变发生在 1954 年印度支那的军事失利和 1954—1962 年阿尔及利亚的残酷内战结束了法国的殖民统治之时。去殖民化战争带来的剧变，刺激着 20 世纪六七十年代的后殖民怀旧情绪。这反过来又助长了法国人重新评价农村生活和文化，认为它们简朴，贴近自然，而且可能濒临消亡。[6]

埃德加·莫兰是普洛泽韦社会学研究的领导者，对他来说，这个村庄可以充当一个缩影，以观察现代化是如何影响农村社会最偏远角落的。他指出，"一切都在

图 4.1　埃米莉·卡莱斯与贝尔纳·皮沃在《撇号》录制现场，1978 年。
照片由法国国家视听研究所提供

变化。整个法国的转型冲击着［这座村庄］，打破了它
与现代世界的隔绝"。莫兰认为普洛泽韦"几乎带有异
国情调"，同时也是"最需要进行民族志研究的社会，
也即我们自己的社会的一部分"。[7]事实上，对法国社会
和风俗进行科学研究的理念最早出现于战后不久。[8]本
着这种精神，1977 年，年轻的法国民族志学者帕斯卡
尔·迪比放弃了在美国亚利桑那州的霍皮人中的田野
工作，因为他遇到的一位年迈的印第安人让他想起了
"我自己出生的村子里的一位农民"。对迪比来说，战
后变革的步伐在最近的过去与现在之间制造了巨大的

鸿沟，以至于同他一起长大的农民如今似乎和霍皮人居住在同一个世界。迪比决定回到勃艮第，研究他的家乡希舍里。[9]

在书店的书架上

当学者们凝视起法国的农民阶级，法国的购书群体，主要是中产阶级的城市读者，也对来自"深层法兰西"的民间声音表现出了浓厚的兴趣。1978 年是这股潮流的顶峰时期，一家出版业杂志指出，"在书店的橱窗里，洗衣妇、渔夫、老教师跟政界或影坛最当红的名人争夺光环……我们的农民正在发出自己的声音"。[10] 这类自传体作品通常以"生活故事"（récit de vie）的形式出现，由来自城市、携带录音机的访问者——编辑、记者或游客——创作而成。1980 年，《世界报》调侃道："当前的文学中不乏关于农场主的作品。每个编辑都有一个农民和一台录音机，东拼西凑便整出了一幅农业壁画。我们的书架正变得充满田园风味。"[11]

确实，从 20 世纪 60 年代中期到 80 年代初，农民回忆录（除了生活故事，偶尔也有单一作者的回忆录）往往以丛书的形式向公众销售。这些丛书明确地将作者及其作品视为珍贵的文化和社会遗产，[12] 它们的标题很能说明问题："活生生的［经验］""生动的回忆"
"土地的声音""法国的深处""人民的记忆""人民的行
动和记忆""重新发现法国"。[13]

　　巴黎的出版社出版的大量农民自传和生活故事，等
于为一般公众创建了一个图书馆，让他们可以轻易地了
解人民的民族志（popular ethnography）。它们的出版
也标志着法国民族志从研究异国情调转向审视本国社
会。地理学家和编辑让·马洛里是一个值得注意的例
外，他策划了一套备受瞩目的、具有里程碑意义的丛书。
该丛书无视"先进"社会和"原始"社会之间的界限，
兼收并蓄，将被传统的民族志视为"他者"的人们（印
第安人、一位农民出身的安纳托利亚教师、一位自幼遭
绑架并在巴西由印第安人抚养长大的妇女、一位不识字
的尼日利亚村妇）的生活故事（马洛里使用的表述是
"原始证词"）与来自法国本土的人民的声音（一位农
民、一位渔夫、一位锁匠、一位矿工）交织在一起。[14]
在马洛里的视野中，欧洲的农民和第三世界国家的原住
民拥有共同的身份，即作为本真的文化的传承者，面对
着诞生自欧洲的现代化力量（中央集权国家、帝国主义
和消费文化）。与此同时，尚未成名的社会学家皮埃尔·布
尔迪厄也将殖民地的原住民与法国农民放在一起思考。
1959 年底至 1961 年，在法国陆军服役期间，布尔迪厄
在殖民地阿尔及利亚的卡拜尔地区和他位于法国西南

部贝阿恩省农村地区的家乡平行开展有关农民社会的田野调查。在生命的最后阶段，布尔迪厄又和其他学者一起回到其早期的学术，探讨这些跨越殖民界限、对家乡的农民和远方的农民所作研究之间的种种关联。[15]

本章要追究的是法国人为何着迷于那些对农民生活所作的第一人称叙述（尤其是在 20 世纪 70 年代），以及这说明了法国人对农村的过去抱着何种态度。本章的重点是战后四部最成功的农民回忆录的写作过程和接受情况，它们在成为畅销书后，又被奉为经典，分别是：埃弗拉伊姆·格雷纳杜的《法国农民格雷纳杜》（1966）、皮埃尔·雅凯·埃利亚斯的《骄傲之马》（1975）、埃米莉·卡莱斯的《野菜汤》（1977）和安托万·西尔韦尔的《一个奥韦尼亚孩子的呼声》（1980）。我将考察这些回忆录的写作和阅读背景，探讨作者和读者跟农村过去的关系，考量乡愁在形塑他们的观点方面所起的作用。

这些书既不能按照文学体裁，也不能按照作者的社会阶层进行简单的分类。它们往往模糊了自传、回忆录、生活故事、自传式民族志和农村回忆录等类别，而这些类别本身往往又是混合术语。例如，生活故事是自传体，但有两位作者，一位讲述，另一位倾听并写下来。[16]"自传式民族志"部分是自传，部分是民族志，通常指某一文化中的原住民为外人解释其社会的写作。[17]这四位畅销书作者在作品出版后，获得了向上的社会流动机会，整个人生也就此打开。一些人留在或者回到了原来的环境。其他人则离开了。只有一个人在成年后仍与农耕联系在一起。尽管如此，他们的自传体作品都被当作农民生活的回忆录来销售和消费。对出版商和热衷于购买这些回忆录的读者来说，作者在农家出生，在与农民社会的接触中成长，这一背景赋予了他们为农民世界发声的正宗性（authenticity），因此将这些作品称为"农民回忆录"并无不妥。[18]

20 世纪以前，"大众"阶级成员的自传或生活故事鲜有出版。[19] 到了 20 世纪 20 年代，以第一人称叙述的生活故事的出版，仍几乎只限于"主导阶级"的成员。[20] 当然，熟练的工匠有时也会写自传，但其读者只限于工友。这类作者中，许多人原本是农民出身，尽管他们的阶级意识使得他们的作品成了工人回忆录。[21] 知名的工人回忆录很少，它们被赋予的价值恰恰证明了它们的稀缺性。[22] 20 世纪之前，几乎没有任何自我认同为农民或农民出身的人出版过自传作品。[23]

当然，法国有着悠久而丰富的反映农村的艺术传统。19 世纪的小说家和画家提供了大量农民生活的形象，塑造和参与了关于城市和农村生活的性质与现代化利弊的论争。[24] 他们对农民的描绘表达了一种永久的张力。其中一端是通过玫瑰色眼镜看农民，认为农民充满智慧、淳朴、本分可靠；另一端是黑化农民，认为农民粗野、落后、狡黠、贫穷。例如，乔治·桑的浪漫主义小说《魔沼》（1846）和《小法黛特》（1851），以及让-弗朗索瓦·米勒、埃米尔·贝尔纳、于连·巴斯蒂安-勒帕热的现实主义绘画，都描绘了性情温和的农民，他们在与大自然的和谐相处中辛勤劳作，并未受到城市生活的侵扰。相比之下，巴尔扎克和左拉的现实主义小说（分别是 1845 年的《农民》和 1887 年的《土地》），以及古斯塔夫·库尔贝的现实主义绘画，则将农民描绘成被劳动压垮之人，闭塞而野蛮。[25] 欧仁·勒罗伊和勒内·巴赞的乡土社会小说（分别是《乡下佬雅克》和《垂死的大地》，均出版于 1899 年），则探讨了经济和社会问题对农民日常生活的影响。[26]

埃米尔·吉约曼

直到 20 世纪初，关于农村生活的文学作品，才出现了来自农民的声音。埃米尔·吉约曼（1873—1951）是一名佃农，白天种地，晚上写作，被公认为法国第一位农民作家。他在十一岁获得小学毕业证书后离开学校，在农场当了一辈子佃农。[27] 虽然《一个普通人的生活》（1904）有时被视为一部农民回忆录，但将其描述为自传体小说更为准确，该书以生活故事为架构，旨在质疑对乡下生活的理想化。吉约曼在小说的开篇，用一段文字介绍了一位虚构的邻居，老农民"蒂耶农"。《一个普通人的生活》是蒂耶农的生活故事，吉约曼声称他写作本书的目的是让他的读者，也即城市里的"绅士们"，知道"佃农生活到底是怎样的"。[28] 蒂耶农让城市资产阶级读者有机会体验真实的农村生活。这部作品成了经典之作，先后在 1935 年、1943 年和 1974 年（人们对农村的兴趣再次高涨之时）重版。

尽管如此，吉约曼在文学界仍是一个异数。1907 年，巴黎文学家达尼埃尔·阿莱维决定不期然地造访波旁的伊格朗德村，想知道吉约曼这个人是否真的存在，结果喜悦地发现吉约曼正在挤牛奶。后来他著有《走访中部的农民》一书，翔实记录了他拜访这位"伊格朗德圣人"的经过。[29]

之所以可以将吉约曼界定为作家，并将其树立为 20 世纪 70 年代畅销书作家的先驱，是因为他与出版界的关系。十八岁时，他在文学刊物上发表了第一首诗，该刊物的创办者是地区报社的社长。依照传说，在发表《一个普通人的生活》之前，吉约曼从未离开家乡波旁。[30] 然而，通过文学圈的人搭桥，吉约曼获得了小说家吕西安·德卡夫写给巴黎编辑皮埃尔-维克托·斯托克的介绍信。斯托克回忆说，吉约曼本人曾去巴黎找他。办公室里没有斯托克的身影，吉约曼是在附近的一家咖啡馆找到他的，在做了一番自我介绍后，他向斯托克递交了手稿，表示希望能够出版。[31] 斯托克在回忆录中表达了一位巴黎编辑对一个双手满是老茧、面容饱经风霜、穿着从百货公司买来的套装的乡巴佬的蔑视。然而，吉约曼在为自己的手稿寻找买家时，摆出的是一副作家的姿态。

　　在写作《一个普通人的生活》时，吉约曼参与了那些在"美好时代"到 20 世纪 30 年代期间活跃的农村小说（roman rustique）作家的文学实践。这一群体的成员（如埃内斯特·佩雷雄和亨利·普拉，吉约曼与他们有长时间的书信往来）都是佃农、小业主或工人的孩子。他们都在读书时拿到了奖学金，并凭借优异的成绩，获得了一定的社会流动性。[32] 整个 20 世纪，农村主义作家的小说都能吸引到一定数量的读者。维希政权也曾将让·焦诺、马塞尔·帕尼奥尔、亨利·普拉和弗雷德里克·米斯特拉尔的作品作为其民族革命的一部分加以推广。战后初期，即 1950—1960 年，又有一批将农村生活予以理想化的小说问世。[33] 20 世纪 70 年代中期，罗贝尔·拉丰出版社培养了一群被称为"布里夫派"（École de Brive）的作家，他们以过去的法国农村为背景创作通俗小说，体裁通常是家族传奇或传记。这些作品的营销者有意识地利用了他们所体察到的、法国人在经历了"辉煌三十年"的转型后对其农民根源和没落的农村生活方式的怀旧情绪。[34]

不过，战后的农民生活回忆录和生活故事有着不同的谱系。这些自传性的叙述，就起源而言，关系最为密切的并非农村小说或古典的自传，而是 20 世纪二三十年代芝加哥大学兴起的社会学学科。例如，早期社会学研究的里程碑之作《身处欧美的波兰农民》利用私人信件、自传和日记来记录移居美国的波兰农民的经历。[35]虽然社会学家在 20 世纪 40 年代放弃了这一路径，转而使用汇总性的经验数据，但人类学家仍然坚持这一方法。到了 20 世纪 50 年代，人类学家开始广泛使用录音访谈。[36]受到这一传统影响，再加上相对廉价的便携式录音机的出现，作家和记者在 20 世纪 60 年代开始收集录音证词，撰写"生活故事"。[37]农民生活故事的生产是带着政治性的，皮埃尔·布尔迪厄对这种政治性的批评可以说最为严厉。1977 年，他对"社会世界的社会表征的社会史"*如此评论："受支配阶级甚至在生产自我形象以及社会身份时，也是被支配的，他们不说话，他们被说。"布尔迪厄认为农民阶级是法国社会中被物化得最严重的阶级，这正是因为他们缺乏手段来控制对自我的表征。此外，他还认为确定个人生活的轨迹是不可能的，并嘲笑打算这样做的努力。对布尔迪厄来

---

* 英文为 "the social history of social representation of social worlds"。

说，重要的是构成个人经验可能性的社会关系网络。[38]
尽管布尔迪厄如此看待所谓的农民生活故事，但20世
纪70年代的畅销书，无论是自传、回忆录还是生活故
事，其撰写者都声称自己是这些生活故事的作者，暂
且不论是否有人帮助他们讲述这些故事。

　　战后的农民回忆录有几个重要的特点。首先，也是
最明显的一点，这些回忆录并非虚构作品，其价值正在
于它们被认为是真实的。其次，民俗学家和后来的社会
学家研究农民是为了了解农民身上所透露的公共的习
惯和风俗，而战后畅销的农民回忆录的作者则是以个人
身份介绍自己，让读者从书中了解他或者她这个人。[39]
最后，可能也最值得注意的是，这些回忆录的作者被媒
体塑造成了举国知名的人物。

　　在让特定的农民变成名人方面，电视上的露面发挥
了强大的作用。本章所研究的作者，以及其他名声更为
短暂的作者，都是作为电视读书节目的嘉宾，首次出现
在小屏幕上的。在法国，电视读书节目是与作为媒体的
电视同时出现的，这类节目可以促进图书销售，给受邀
参加节目的人带来名气和竞争优势。这种节目形式基于
这样一种观念，即作家与他或者她的作品一样有趣（如
果不是更有趣）。它们在读写文化的民主化和商业化方
面发挥了关键作用。袖珍平装书在20世纪60年代初的
出现也促进了媒体对农民回忆录的关注。[40]

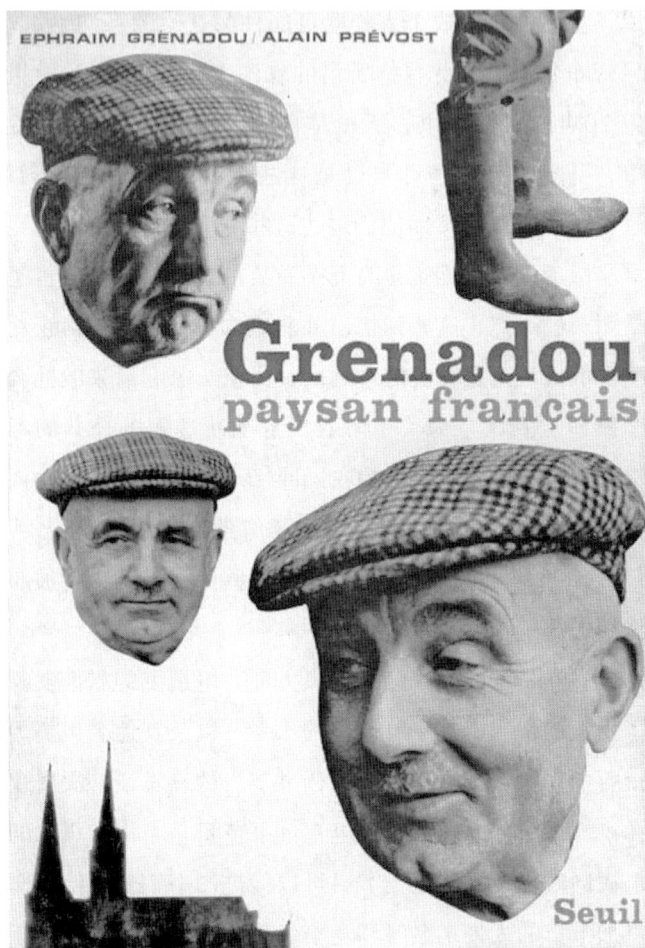

图 4.2 《法国农民格雷纳杜》初版封面。埃弗拉伊姆·格雷纳杜、阿兰·普雷沃斯特，塞伊出版社，1966 年，"历史要点"书系，图片来自作者收藏

格雷纳杜

来自法国北部的农场主埃弗拉伊姆·格雷纳杜（1897—1993）是第一位通过电视媒体而闻名全国的农民作家。1959 年，作家阿兰·普雷沃斯特从巴黎搬到离沙特尔不远的博斯的一个村子，在那里结识了格雷纳杜。1965 年，普雷沃斯特录下了他对格雷纳杜的访谈，并于次年以叙事文本的形式出版。在《法国农民格雷纳杜》中，"弗拉伊姆"称自己从小就像父亲一样，梦想着"进步和新方法"。[41] 他讲述了自己如何从一名车夫（赶着马匹和骡子为他人驮运货物或犁地）变成使用化肥等现代技术和自有机械耕种自己土地的农场主。在该书的最后一章，格雷纳杜可以自豪地宣布："我们今天〔1966 年〕还在这里。我已经六十九岁了，耕种着 170 公顷土地。"[42]

媒体注意到了这本书。1966 年 5 月 18 日，格雷纳杜参加了法国的第一个电视读书节目《全民阅读》。十天后，新闻周刊《巴黎竞赛》刊登了一篇横贯两版的文章，庆祝他的成名：

直到昨天，埃弗拉伊姆·格雷纳杜还默默无闻……只有他在圣卢普的公民同胞知道，这个小鹅倌凭借自己起早摸黑的辛勤劳动，成为 170 公顷土

地的主人，拥有的拖拉机可以组成一支舰队，堪称
农民成功的楷模。如今，无人不识他。他那张强壮
的脸庞，配着一双皱巴巴的眼睛，在电视荧幕上熠
熠发光。[43]

次年，广播电台"法国文化"播出了对格雷纳杜的
系列采访，共有 6 期。1970 年，在一部时长为 50 分钟
的电视纪录片《格雷纳杜的金色周年》中，格雷纳杜和
他的妻子回顾了他们的生活，平静地反思了在农场经营
的几乎每个方面发生的翻天覆地的变化。[44]

格雷纳杜的故事似乎表明，农民可以全心全意地拥
抱新机器和现代方法，而不会失去与土地和自然节奏的
联系。

说布列塔尼语的布列塔尼人

不到十年后，法国读者将一个关于失去而非赢获的
农村世界的故事，追捧成了畅销书。皮埃尔·雅凯·埃
利亚斯（1914—1995）在《骄傲之马：一个布列塔尼人
的回忆录》一书中向布列塔尼农民的完整世界致敬。他
的祖父母和外祖父母曾向他描述过这个世界，而他记得
自己怎样在那里度过了童年（那是在 20 世纪 20 年代）。

埃利亚斯用脱胎自布列塔尼口述传统（他的祖父和外祖父都是著名的说书人）的文学风格，描绘了他和他的祖辈所熟悉的日常生活：房屋的内部装饰、家具、衣服、食物、态度和信仰，以及村子里的天主教徒和世俗共和派之间的争斗。

在最后一章，埃利亚斯讲述了这种文明如何在 20 世纪 30 年代开始分崩离析。在经济发展的压力下，像他这样的年轻人离开了家乡，去城市找工作或者接受教育。他带着明显的痛苦，仔细审视了 20 世纪 60 年代理性化的高产农业对农民文化造成的巨大打击。再加上农民希望看到自己的孩子在社会阶梯上爬到更高的位置，农民生活的余韵终于不复存焉。就像埃利亚斯在书中描述的那样："我早年生活于其中的文明，只剩下残骸。"[45]

《骄傲之马》于 1975 年夏天出版后，先是在地区性的报刊上得到广泛报道，进而引发全国性媒体的关注，并迅速冲到畅销书榜的榜首。评论家认为这是一部质地细腻的民族志文本，其独特之处在于它的内部视角，以及它很好地传达了布列塔尼语的活力。一年之内，该书售出了 35 万册；二十年后，该书的总销量超过 200 万册，并被翻译成 18 种语言。[46]1980 年，导演克洛德·夏布洛尔将埃利亚斯的生平拍成了一部故事片。[47]

《骄傲之马》大获成功，这使埃利亚斯成为法国农民文化最重要的内行，并让他作为一个说布列塔尼语的布列塔尼人而备受赞誉。他曾四次出现在《撇号》节目中。第一次亮相是在 1975 年，当时他的身边是法国两位最杰出的历史学家，他们那时都刚刚出版了关于法国农民和农村生活的大作。一位是年鉴学派历史学家埃马纽埃尔·勒华拉杜里，《蒙塔尤：1294—1324 年奥克西坦尼的一个山村》的作者。另一位是乔治·杜比，四卷本《法国农村史》的编辑和主要作者。

出现在媒体上时，埃利亚斯灵敏地交替扮演着布列塔尼农民社会的信息提供者和民族志学者的角色。他还将自己的专业知识运用到公共生活中，支持布列塔尼地区主义运动，为保护布列塔尼语而斗争。他在雷恩大学教授凯尔特语，多年来一直主持一档布列塔尼语广播节目，并为地区性报纸《西法兰西报》*撰写每周专栏，以布列塔尼语和法语两种版本发表。

埃米莉·卡莱斯

《骄傲之马》出版两年后，一位退休教师的回忆录

---

* 创立于 1944 年，有 47 个不同的版本，是世界上阅读量最大的法语报纸，比法国的全国性报纸《费加罗报》和《世界报》都多。

成了畅销书。在《野菜汤》一书中，埃米莉·卡莱斯讲述了自己的成长经历。她是六个孩子中的一个，由身为鳏夫的父亲抚养长大。她的父亲在多菲内大区与世隔绝的克拉雷山谷经营着一个家庭农场，那里靠近意大利边境。与埃利亚斯一样，卡莱斯也是第三共和国的孩子。公立学校让她得以提升社会地位，并接触到更广阔的世界。她在巴黎待了三年，受雇于寄宿学校，为取得教师资格而用功学习，但到了夏天都会回家。经常出入自由主义圈子，让她接触到和平主义和无政府主义思想，并由此奠定了一生的政治信仰。卡莱斯嫁给了一位来自法国南部的工人知识分子，后者认同她的和平主义和左派信念，并让她更加坚定于此。

当卡莱斯回到多菲内大区担任教师，并最终回到她所在的村子工作时，她把这些观点也带到了她的教学中。她写道："最重要的是，我必须打开他们〔学生们〕的眼界，推翻所有旧习俗，教他们过一种不同的生活，摆脱酗酒，警惕教会和国家的谎言和愚蠢。"卡莱斯的最后一战发生在1974年，当时已经七十四岁的她领导当地农民举行示威游行，反对修建一条穿越克拉雷山谷的高速公路，因为这将破坏该地区的自然之美。埃利亚斯和卡莱斯都在各自作品的最后章节认真考虑了威胁到他们所描述的世界的各种力量。埃利亚斯感叹商业主义、旅游业和城市的诱惑毁坏了布列塔

尼的农民文化，而对卡莱斯来说，危险则在于对自然
环境的威胁。与许多人一样，她认为农民是自然界的
管家，以环保活动人士为新角色的她呼吁农民捍卫自
己的遗产。

图瓦努

　　在撰写农民生活回忆录的作家中，数埃利亚斯在电
视和出版界最为如鱼得水。1980 年，在《撇号》节目中，
他向观众推荐了另一位农民出身的作家在死后出版的童
年回忆录，也就是安托万·西尔韦尔（1888—1963）的
《图瓦努：一个奥韦尼亚孩子的呼声》。这本书在农村生
活回忆录中独树一帜，具体在于它慷慨激昂地阐述并谴
责了 20 世纪之初资产阶级、教会和法律对农村穷人的
不公对待。在为《图瓦努》（"图瓦努"是安托万的昵称）
所写的前言中，埃利亚斯将安托万·西尔韦尔这个极度
贫困的无地农民的儿子，视为农村世界的真正代表："在
远离诗意的农民生活中，农民才真正成为农民——这就
是图瓦努。"[48]
　　生于 1888 年的安托万·西尔韦尔与埃弗拉伊姆·格
雷纳杜是同代人，他笔下的农村穷人与埃利亚斯描写的
农民生活在同一时期。然而，两人对农村生活的刻画却

截然不同。埃利亚斯描写的是骄傲的布列塔尼农民在寒
酸的生活中依然保持尊严，西尔韦尔则描写了被贫困压
垮的农村无产阶级如何饱受屈辱。他的父亲是一名流动
的锯木工，为了找到活干，东奔西走。他的母亲靠给人
洗衣服贴补家用。受到文盲祖父的谆谆教诲，图瓦努养
成了对学习的热爱，并且成绩优异，但无力继续学业。
十三岁时，他被送入一家铸造厂打工，在那里目睹两个
好友死于工业事故。十八岁时，他因为邮政诈骗遭到警
方追捕，逃往法国南部，继而去了北非，用假名在法国
外籍兵团服役了三年。[49]与格雷纳杜、卡莱斯和埃利亚
斯的作品一样，西尔韦尔的作品迅速登上了畅销书排行
榜，第一年就售出了约 69.5 万册。《世界报》指出，"这
一数字远远超过以往被视为'人民'创作的文学作品的
纪录"。[50]

　　或许并不奇怪的是，当时的许多专业评论者和批评
家将农民生活故事的成功归因于对刚刚告别的农村生活
的怀念。正如一位记者认为的，"它们仿佛给身为城里
人或者已经变成城里人的我们带来了一股强劲的空气和
野外气息，足以让我们的生命在被沥青、塑料、水泥和
玻璃覆盖的宇宙中瞬间复苏"。[51]《快报杂志》在讨论
1978 年的另一部农民生活回忆录（作者是普罗旺斯牧
羊人马塞尔·西皮翁）时，强调了法国人对"这个坚实的、
令他们引以为豪的农村环境的依恋，几乎每个法国人都

带着农村的印记或者对农村的怀念"。[52]另一些评论家
则认为，当前的"风土复古文学"潮流是对时代快速变
化的回应，"这种文学充满了过去事物的气韵和味道，
读者之所以从中体会到了极大的愉悦，是因为……毫无
疑问，今天的一切已经变样"。[53]文学记者让-马里·博
尔泽*认为法国人在寻找他们的祖先："这更多的不是一
种媚俗或复古时尚，而是表达了一种焦虑和追求。寻找
失去的根，渴望拾起过去，并延续下去。"[54]根据这样
的理解，法国人正饱受乡愁之苦，"为神话般回归的不
可能而哀悼，为失去一个边界和价值都很明晰的迷人世
界而哀悼"。[55]

　　似乎没有理由怀疑，在历史的这个节骨眼上，许多
法国人都患有乡愁。[56]乡愁曾经是一种地理错位的疾病，
在18世纪晚期却主要被体验为时间错位。对于19世
纪的欧洲人来说，突然无法锚定于过去、"搁浅于当下"
的情绪带来了忧郁和怀旧这两种被视为属于现代人的
症状。[57]从这些角度来看，对现实中和想象中的农村世
界的怀旧，是对"辉煌三十年"地理、社会和文化错
位的一种可预见的回应。这些情绪受到去殖民化的影
响，当法国的殖民管理者、士兵和来自阿尔及利亚的
黑脚（他们很多来自农村）回到本土时，他们遇到的

---

* 此处原文为Jean-Marie Boreix，似应为Jean-Marie Borzeix（1941— ）。

是一个正在经历剧变的社会。在这种情况下，怀旧在战后法国成为一种强有力的情感，环绕着关于农村生活的种种概念。

然而，对无法挽回的过去的忧郁向往，作为怀旧情结的一种表征，并不能充分描述畅销的农民生活回忆录的立场，可能也无法解释它们为何广为流行。事实上，那些作者之所以成名，他们的作品之所以成为经典，是因为他们对现在和未来的兴趣与对过去的兴趣一样浓厚。他们对读者的吸引力在于，作为熟悉传统乡间生活的模范人物，他们跨越了"辉煌三十年"的鸿沟，参与了包括环保主义、女权主义、地区主义在内的当代议题，并对地方搞乌托邦实验以实现复兴的尝试充满兴趣。

无论内容如何杂糅、形式如何多变，最成功的农民生活回忆录都关心进步。在两次世界大战之间的那些年，格雷纳杜拥抱农场工作的机械化（博斯比法国大部分地区都更早开始这一进程），到了战后他又支持"土地整合"，即把分散的小块土地附聚到较大的连片土地上，从而扩大农场的规模，减少耕作所需的工人数量。1926年，也就是村里通电的那年，格雷纳杜购买了他的第一台拖拉机（一台二手的美国福特森拖拉机）。他还很钦佩邻村的一位特立独行的农民，后者大胆地投资购入了一台大型拖拉机，即便这意味着要让传统的工人失业：

"那是一台麦考密克＊收割机，花了七万五千法郎，比一座农场还贵！拖拉机是在圣约翰日交付的。就在那前一天，三个马车夫牵着他们的九匹马去卖，回来后就被他解雇了。"[58] 拖拉机的出现不仅使人失去了工作，而且迅速终结了马与人之间长达六千年的合作关系。对于这种终结，格雷纳杜并不能做到无动于衷。他在讲述自己的青年时代时，流露出对与马一起干活的眷恋。在写到第一次世界大战期间自己在炮兵部队的服役经历时，他对战友略而不谈，只提到他认识的马匹。[59] 尽管如此，格雷纳杜的据实叙述，让他避免了带着怀旧之情谈论进步的局面。阿兰·普雷沃斯特认为格雷纳杜是法国战后繁荣时期的一位安静的英雄，他在电视上解释说，"通过格雷纳杜向时代借势的［例子］，人们发现了法国农民的与时俱进"。[60]

埃利亚斯和卡莱斯都从一些古老的方式和习俗中看到了美德，同时接受社会的流动性。这种流动性使他们能够在物理和智识上，居住在一个更广阔的世界。国家教育为他们提供了提升社会地位的手段。[61] 卡莱斯在巴黎接受完培训后，回到阿尔卑斯山的家中，成为一名思想独立的教师。这并不意味着她认为自己凌驾于农民世

＊ 麦考密克（Cyrus Hall McCormick，1809—1884），美国发明家、商人，收割机的发明者，创立麦考密克收割机公司。1902 年，该公司与其他四家公司合并为国际收割机公司。

界之上，当朋友们在田间地头需要帮助时，她会伸出援手。她很享受自己的这种状态："第一次，教师成了他们中的一员。我和他们一样是农民，我知道如何种地，我熟悉他们遇到的问题。"[62] 话虽如此，她还是决心将新的观念和进步带给农民的孩子们："还有很多旧观念和旧习惯需要革除。父权制，长子继承制，妇女的屈从，过度劳累、酗酒、信仰、迷信和其他许多东西造成的堕落。这一切都要由我来教导他们。"[63]

第三共和国的学校系统也为埃利亚斯提供了工具，让他能够了解两种文化，成为布列塔尼农民文化与社会的专家。与其他寻求提升社会地位的布列塔尼孩子一样，他获得了去坎佩尔的中学就读的奖学金，开始生活在两个世界中。在校期间，他是个寄宿生，讲法语，用功学习；他在毕业后成为一名中学的拉丁语和希腊语教师，并最终成为布雷斯特大学的凯尔特语教授。暑假期间，他则在家里帮忙干农活，讲布列塔尼语，沉浸在作为布列塔尼认同核心的口头文化中。1975 年，他在接受采访时说："我可以毫不羞愧地说，法语对我来说是一种解放的工具。当然，共和国的学校将国家团结置于多样性之上。但如果没有学校，我可能会成为一名渔夫，或者失业。就这样我说着两种语言。我属于两种文化。"[64] 埃利亚斯在媒体上的形象，可以反映他在面对不同的社交圈时的灵活老练。在书的封面照片中，他戴着渔夫帽，抽着烟斗，显得很有乡土气息；在《撇号》的节目现场，他穿着斜纹软呢外套，打着领结，尽显教授风范；在接受《花花公子》杂志法文版采访时，他系着领带，叼着香烟，显得温文尔雅。

与格雷纳杜或卡莱斯的叙述不同，埃利亚斯的回忆录有时蕴涵着对传统农民生活瓦解的衷心的哀叹。然而，他还未多愁善感到希望过去能复活。"这里没有一丝遗憾或怀旧"[65]，那是迷恋乡下的城市居民才会有的。他预言，"资产阶级、技术人员和技术官僚、工业的高管、旅游业的推广者"很快就会来乡下生活。"他们穿着灯芯绒衣服，在直接抄袭自时尚杂志的花园里浇水、种植和修剪。现在怀旧和反动的是他们，而不是农民。"[66]埃利亚斯投身于布列塔尼语言和地区文化的行为，让《骄傲之马》在当时引发了共鸣。20世纪70年代，布列塔尼和科西嘉通过推动地区语言的复兴和自治政治运动，竭力对抗集权化的、同质化的巴黎文化。[67]《花花公子》杂志将该书的热销归因于"地区主义的活力""权力下放运动的成功"和"反巴黎情绪"等当时的法国国内政治趋势。[68]

埃利亚斯和安托万·西尔韦尔对过去的呈现形成了鲜明对比，这表明农民生活回忆录对城市读者有着很矛盾的吸引力。埃利亚斯强调社会等级制度和传统造就了一个有内聚力的农民社会，而西尔韦尔痛恨蔑视穷学生

图 4.3 埃利亚斯的肖像，由路易斯·莫尼尔于 1983 年拍摄。版权属于路易斯·莫尼尔和布里奇曼图片社，图片由布里奇曼图片社提供

的老师们对他的不公对待。在西尔韦尔的记忆中，天主教男校的老师们对资产阶级的孩子总是笑脸相迎，却会无情地体罚穷人的孩子。"因此，学校为本地的资产阶级提供了大量可用的青少年，这些青少年为将来成为不敢提要求、沉默、顺从、恐惧的工人和佃农做着准备。"[69]埃利亚斯的作品可能满足了人们的怀旧渴望，即与更有根基的社群和生活相联结，能更贴近自然世界。西尔韦尔的作品则提供了一种解毒剂：人们乐于适时地回到农村穷人的悲惨生活中，以确证物质进步带来的好处。[70]

因此，写农民自传的畅销书作家在法国的公众生活中扮演着复杂的角色。他们所假定的读者是受过教育的资产阶级，而他们所属的社会阶级却被认为生活在另一个世界，甚至另一个时代。然而，无论是在作品中，还是在电视上现身，他们都参与了过去、现在和未来。例如，1974 年埃米莉·卡莱斯带头发起一项公民倡议，反对修建穿越其家乡所在山谷的高速公路，当时她便提到了拉尔扎克高原上的抵抗运动，以那些将拖拉机开进城里的农场主为楷模。在做客《撇号》节目、进行总结性发言时，她谈到了自己毕生为反对社会不平等而斗争的努力，呼吁废除"私生子"这一类别，并劝说其他嘉宾捍卫那些领取政府救济金的人的利益。作为一名农妇，卡莱斯的激进主义与投身于女权主义和环保主义的行为，使她成为当代生活中具有前瞻性思维的参与者，也让现场观众眼前一亮。卡莱斯像桥一样，将古老和现代这两个通常被视为对立的世界连接了起来。

就这样，畅销的农民生活回忆录表达了一种在看待现代化之于当代社会的影响时的矛盾心理，这种心理以强有力的方式凝结在农民身上。正如人类学家苏珊·卡罗尔·罗杰斯所言，农民"既是现代的、中央集权的法国社会的参与者，又是'传统的'地方亚文化的载体"。[71] 确实，20 世纪 70 年代畅销的农民生活回忆录强调了以巴黎为典型的集权的"现代"文化与以农村为代表的"传统"或"古老"文化之间的内在联系。

总体而言，出自农民之手或跟农民有关的自传体写作之所以广受欢迎，是因为在战后现代化所带来的巨变中，农民被赋予了象征性的角色。20世纪70年代出现在书籍和电视中的农民个人（并非作为一个整体或阶层的农民）让法国人确信，一个人可以安然地栖居于现代，同时又与农村的过去保持联系。农民成为引导性的人物，展示了已经城市化的法国人如何走向现代化。

这一时期最引人注目的现代农民，可能不是哪个回忆录作家，而是一场著名的广告宣传活动中的一位女性。现代农民既然可以卖书，那也可以兜售耐用消费品。1972—1983年，让娜·德尼在电视广告中本色扮演的"德尼大娘"，使她成为家喻户晓的人物。七十九岁时，这位面颊红润、未受过教育的洗衣妇，成了韦黛特牌洗衣机的代言人。这次广告宣传活动可谓凝聚了巴黎一家广告公司的负责人皮埃尔·巴东的心血。在绿色运动兴起的背景下，他试图寻找一种能吸引消费者的方式，而当时又恰逢人们对农民的消亡充满担忧。他写道："我们正在进入属于生态学家的时期。这是1968年的余波。人们对新技术保持沉默，对污染者大加指责。在推广洗衣机的时候，我们需要赋予它以人性的维度。"[72] 巴东想起了他童年去度过假的诺曼底村庄和当地的洗衣妇。为了广告宣传，巴东特地回了一趟村庄，请出这位手磨出老茧、拥有传统农民的诀窍的妇人，让她为韦黛特的现代设备授予认可的标志。

这次创意堪称经典。在拍出来的第一个广告中，德尼大娘跪在河边的洗衣房里，用木桨搅动衣服，肘部以下都浸在奔涌的河水中。一个浑厚的男声承诺，新技术可以再现老办法的特殊洗涤方式："对于洗衣服，德尼大娘有她的秘诀……那就是漂洗。没有漂洗就洗不干净。"镜头从德尼大娘结实的前臂和发红的双手转到河水从防波堤上倾泻而下的画面，而河水反过来又消失在洗衣机滚筒的转动之中。"洗衣机里就是这样的。"紧接着德尼大娘说出了她的标志性台词："这就是事实！"

在这个广告播出的六个月内，韦黛特牌洗衣机的销售排名从第九位上升至第二位。[73] 两年后，民意调查显示，让娜·德尼在法国人中的知名度高达 75%。1977 年，《巴黎竞赛》将她评为年度最受瞩目的人物，一起入选的是女演员缪缪、男演员热拉尔·德帕迪约、政治家西蒙娜·韦伊 * 和作家皮埃尔·雅凯·埃利亚斯。[74] 在巴东看来，真实是她吸引人的关键："她七十九岁（1972），她的身体、面容和声音，都显示出她是一个真正的洗衣妇。"[75]1989 年 1 月 17 日，她的去世成为主要的晚间新闻广播的头条新闻。[76]

与农民回忆录作家一样，德尼大娘弥合了"辉煌三十年"在法国富有农村气息的过去与充满现代科技感

---

*   西蒙娜·韦伊（Simone Veil, 1927—2017），曾担任法国卫生部长，
    推动堕胎的合法化。2008 年入选法兰西学术院。

图 4.4　韦黛特牌洗衣机广告中的德尼大娘。《法兰西日报》，1972 年。图片来自作者的私人收藏

的现在之间制造的裂痕。她迎合了次要住所所有者和追求现代化的农民的需求，二者都希望用现代设备来减轻妇女的家务负担。1983 年，韦黛特最后一则由德尼大娘主演的宣传片，明确提到她在引领法国人走向现在。镜头追随着沿着乡间小路走在田野上的德尼大娘。一个温柔而亲切的声音说："德尼大娘，谢谢您为我们指明了

道路！"虽然有人宣称农民已经变成了法国人，法国城市的文明已经摈弃了地方文化，但德尼大娘和法国人可以通过书籍、电视了解到的农民个体却不这么认为。

第五章

被破坏的景观

雷蒙·德帕尔东的视觉回忆录

1982 年冬，摄影记者雷蒙·德帕尔东创作了一张大画幅的彩色肖像照，拍的是他的母亲坐在自家农场的厨房里。这位白发苍苍的农妇已步入老年，她坐在烧木柴的火炉前的桌子旁，裹成一团以抵御冬日的寒冷。德帕尔东时年三十九岁，他十六岁便离开位于索恩河畔自由城郊区的农场前往巴黎，决心成为一名摄影记者或电影导演。二十二年来，他周游世界，为报纸和杂志拍摄照片，被同行公认为摄影记者中的佼佼者。1982年他回到家乡，拍摄童年所见的场景。两年后，在向 DATAR 主持的、具有里程碑意义的公共摄影委托项目 MPD 提交作品时，德帕尔东选择了为母亲拍摄的这张肖像照。它成了该项目的一张核心图片。

德帕尔东以其向 DATAR 提供的作品集为自传的基

础，并在此后的书籍、电影、博物馆展览和访谈中，对其不断发展、扩充和重述。[1]作为法国农民时刻（peasant moment）的独特人物，德帕尔东这位著名的摄影师找回了自己作为农民的根，以便通过自传的形式，直观地捕捉战后农村生活颠覆性变迁的种种维度。可以与德帕尔东相比的，可能只有纪录片导演乔治·鲁基耶，但后者的作品从未像前者那样获得过如此广泛的受众。作为当代法国社会的记录者，德帕尔东颇为多产，有很多纪录片问世，也举办过很多著名的摄影展，这样的名声使得他的自传体作品更具影响力。本章通过探讨德帕尔东在 MPD 这一大型公共项目中完成的视觉回忆录，思考他的摄影作品是如何将"失去"可视化，又是如何在始终坚持个人化的同时，让广大观众感知到法国社会的转型。正是这些转型标志且塑造着当代的景观。

DATAR的摄影任务

　　DATAR 成立于 1963 年，负责协调国家主导的大型项目。这些项目帮着推动了法国在战后的繁荣，其中包括为城市和郊区住房、交通、电信、能源生产和输送、旅游业，以及工农业生产等领域，建设新的基础设施。在准备庆祝 DATAR 成立二十周年之际，该机构的高级官员贝特朗·拉塔尔热认为，正是这些项目和随之而来的国家人口迁移，破坏了法国的景观，以至于国土变得难以辨认。[3]在"先前由农村社会的古老秩序所构建"的景观遭受了"前所未有的残酷割裂"之后，传统的地理分类已不足以对其进行解释。"与全景相适应的连贯的居住模式，已被由碎片组成的领土所取代……社会学分析表明，这种由零零碎碎组成的景观已几乎无法辨认。"[4]

依照拉塔尔热的推论，DATAR 既然负有"组织〔国家〕领土"和"管理其变化"的专业职责，那就不仅需要了解国土，还必须表现它。[5]他有意识地采取了一种自相矛盾的做法，即转向艺术和文化领域，以解决这个致力于大规模的技术官僚式追求的机构的根本关切。1983 年 11 月 18 日，该机构启动了 DATAR 的摄影任务（MPD），以评估当前"本国的景观及其生活和工作场所的状况"。[6]1968 年移居巴黎的比利时摄影师弗朗索瓦·埃尔时年四十岁，他被任命为艺术和技术总监。[7]

拉塔尔热和埃尔将 MPD 视为 DATAR 技术使命的核心，并将所谓"景观"定义为一种文化表征形式，而非仅仅是"需要记录的视觉现实"。这与 20 世纪 70 年代中期以来地理学的文化转向是相合的，后者认为景观与其说是事实和事物在客观的、物质层面的集合，不如说是一个可以读解的符号系统。[8]最终，MPD 委托了

28 位摄影师，以一个允许表达"个人的景观体验"[9] 的项目，来回应委托的主题。摄影师们在制定各自计划时必须与 MPD 的负责人协商，但拉塔尔热和埃尔保证他们拥有充分的艺术创作自由，并允许他们以新的视觉结构和表现方式，呈现"当今时代非同寻常的复杂性"。[10] 简而言之，参与者的摄影作品将并非只是文献性质的记录，而是要用艺术家之眼为观众提供方位，并帮助恢复已被经济发展和现代化破坏的国家景观在感知上的意义。[11]

DATAR 的这个项目只是更大范围内转向的一部分。20 世纪 70 年代，许多学者、保护主义者、环保主义者和公共管理者都转而思考起景观来，因为"辉煌三十年"创造出了大量的陌生空间，以新郊区、大型公宅项目、排屋、购物中心、仓储设施、新产业、高速公路和铁路为标志。例如，1981 年，为了设立一个对这些新情况进行反思的论坛，环境部主办了一次以景观的哲学和美学为主题的会议，与会者包括决策者、哲学家、艺术史家、社会学家和景观建筑师。[12] 拉塔尔热的倡议，其独到之处在于跳出学者、专家和技术官僚的常规圈子，通过摄影的视觉语言来开展研究。在项目实施过程中，MPD 的负责人强调摄影师提交的作品是"研究"或"研究笔记"而非"完成的作品"，以凸显照片作为用于持续调查和分析的数据的价值。[13]

拉塔尔热和埃尔很明白摄影在解决复杂的社会和环境变化问题方面的潜力，他们有意识地加入法国和美国的摄影调查传统。这些调查是由负责保护文化遗产、土地管理或城市规划的政府机构委托进行的。拉塔尔热和埃尔还特别提到了 1851 年的日光蚀刻法委员会（Missions Héliographiques）*，该项目用照片记录了法国的建筑遗产。[14] 19 世纪六七十年代，美国对西部进行了地理和地质调查，该项目凭借蒂莫西·奥沙利文†的摄影作品而广为人知。美国农场安全署（FSA）历史处的摄影师，包括多萝西娅·兰格、沃克·埃文斯和本·沙恩，也为大萧条时期美国的日常生活和景观拍摄了不可磨灭的影像。[15]

虽然 MPD 的负责人对美国农场安全署颇为敬重，但他们宣称，他们对艺术自由的执着追求，以及对当代景观的新视野的寻求，使得 MPD 在政治目标层面有别于 FSA，后者致力于消除农村贫困。[16] 尽管如此，拉塔尔热还是为这一艺术项目加入了说教和公民职责的议

---

*　该项目由法国作家、《卡门》的作者梅里美（1803—1870）设立，他在 1833—1852 年间担任历史古迹督察。

†　蒂莫西·奥沙利文（Timothy H. O'Sullivan，约 1840—1882），以其有关美国内战和西部的摄影作品而闻名。1867—1869 年，他担任地理学家克拉伦斯·金领导的"北纬四十度线地质勘探"的官方摄影师。1871—1874 年，他与乔治·惠勒一起勘查西经 100 度线（相当于美国的胡焕庸线）。

程。他宣称,该项目的终极目标是促进"景观文化"的"复
兴",进而培养生态意识,激发公民责任。[17]

作为艺术的摄影

拉塔尔热和埃尔并未打算只用 MPD 解决如何理解
战后法国景观的问题。特别是对埃尔来说,促进景观摄
影的实践是更广泛的努力的一部分,目标是提高摄影在
法国作为艺术媒介的地位,并将其完全融入当代艺术的
世界。[18]1973 年,对媒体使用自己摄影作品的方式感到
失望的埃尔,帮助创立了维瓦图片社(Viva)。与伽玛
图片社、西格玛图片社一样,维瓦图片社属于第二代图
片社,其效仿的对象是 1947 年在巴黎成立的传奇摄影
通讯机构马格南图片社。马格南的摄影师是杂乱的新闻
报道界的一小撮精英。他们拥有自己的底片,名字可以
出现在照片来源说明中,享有"作者"(auteur)的地位,
这种地位介于艺术家和新闻记者之间。[19]他们之后的新
生代新闻记者也希望获得对图片使用的控制权,以及随
之而来的名利。

在 20 世纪 70 年代崭露头角的摄影师们很快就发现,
新闻摄影正面临着更大的危机。1985 年,在与《世界
报》的一位摄影评论家交谈时,埃尔认为,新闻报道

的商业需求，已使得作为一种艺术形式的摄影在法国陷入绝境。[20] 此外，在新闻报道和制造娱乐方面，摄影杂志都面临着来自电视的残酷竞争。随着新闻报道的机会减少，委托创作为艺术摄影提供了一种可能的挽救方式。[21] 在 MPD 中，埃尔找到了一个天赐良机，可以将纪实摄影从商业媒体领域带入"高级文化领域：[书籍]出版、展览、委托创作、[艺术]市场"。[22]

为了追求一种尽可能远离新闻摄影的摄影类型，拉塔尔热和埃尔放弃了被战后法国的著名摄影师们发扬光大的拍摄手法。这些摄影师专注的是人物和城市街景，而拉塔尔热和埃尔明确将人物排除在研究对象之外。[23] 他们认为，振兴法国摄影的方式是回归到被新闻摄影所遮蔽的艺术类型，尤其是景观摄影。[24]

在为 MPD 作宣传时，拉塔尔热和埃尔向九位景观摄影和纪实摄影的先驱致敬。他们推崇 20 世纪二三十年代发展起来的现代主义风格的纪实摄影，尤其是美国的沃克·埃文斯和德国的奥古斯特·桑德尔。[25] 这些摄影师把镜头对准日常场所和人物，拍出来的图像看不出有艺术或技巧的痕迹。秉承这一脉络，埃尔和拉塔尔热奉行一种纪实美学，重视对重要事实的准确描述和直接鉴赏。[26] 在两人的心目中，在世的当代摄影师中，只有一位可进入万神殿，那就是美国人刘易斯·巴尔茨。在加州奥兰治县长大的他，将镜头对准家乡那些建于空旷大牧场上的排屋、仓库、停车站和工业园区，凭借着一系列从荒凉中发现美的黑白照片，在 20 世纪 70 年代中期赢得了美国艺术界的认可。[27]1975 年，巴尔茨参加了一个景观摄影展，名为"新地形学：对一处人为改变的景观的摄影"，该展览描绘出郊区化、城市扩张、重工业衰弱以及人口外迁导致的小城镇的空心化——简而言之，"人类建设和消费的影响"——所塑造的景观。[28]通过在德国和英国举办的展览，以及参加 1975 年展览的摄影师们的旅行，"新地形学"的风格在欧洲弥散开来。20 世纪 80 年代初，巴尔茨永久搬到欧洲，成为欧洲艺术的一部分。[29]1984 年，MPD 在制定自己的目标时，呼应了"新地形学"展览，将"人为改变的景观"的失调和分裂作为主题。次年，拉塔尔热和埃尔邀请巴尔茨加入 MPD，同时得到委托的还有参加"新地形学"展览的另一位摄影师弗兰克·戈克尔。

在将自身置于纪实摄影的传统时，MPD 也摒弃了航空摄影这一技术官僚气质浓厚的遗产，而自飞机问世以来，航空摄影便一直是土地管理者和城市规划者的工具。在整个 20 世纪五六十年代，负责重建的政府部门也使用航空摄影来评估大片国土的状况和潜在用途。拉塔尔热和埃尔避开了高高在上的、抽象的、技术官僚式的凝视，转而追求艺术家亲临景观的个人感受力。[30]这一点在 1985 年 DATAR 制作的一系列纪录短片中得到有力的体现，这些短片展示了摄影师们如何与野外的拍摄条件作斗争：雷蒙·德帕尔东在拍摄一列驶过的火车时，费力地将相机和三脚架安装到位，结果错过了时机；皮埃尔·德费诺伊尔脖子上挂着 35 毫米相机，在巨石上攀登；索菲·里斯特许贝尔在穿越一处高山深壑时从小火车里探出身来。[31]

拉塔尔热和埃尔为最初的团队挑选了 13 名摄影师（包括埃尔本人）。独具创造性的才能和眼光使得这些人与一般的摄影师区分开来，可以被视为"艺术家-作者"。通过为摄影师争取艺术家的地位，拉塔尔热和埃尔可以让摄影名正言顺地成为一种艺术媒介。[32] 两人请来的大多是相对不知名的男摄影师，年龄在四十岁到四十五岁之间。[33] 值得注意的例外是两位马格南摄影师——罗贝尔·杜瓦诺和雷蒙·德帕尔东——以及三十五岁的索菲·里斯特许贝尔，她是这批人中最年轻的，也是唯一的女性，此前和埃尔合作过。时年七十一岁的杜瓦诺是一位传奇人物，以在《巴黎竞赛》《生活》《展望》上发表的标志性照片而闻名。雷蒙·德帕尔东时年四十一岁，从事摄影记者的工作已有二十四年。与他们不同，同样入选的皮埃尔·德费诺伊尔虽然是法国摄影界的圈内人，但没有专业摄影师的经验。在职业生涯的起步阶段，他是一名档案管理员，先后为亨利·卡蒂埃-布列松和马格南图片社工作。后来，他创办了一家画廊，并且担任法国国家摄影基金会的首任主任。13 位摄影师中，有三位不是法国人：加布里埃莱·巴西利科（意大利人）、霍尔格·特吕尔奇（德国人）、弗朗索瓦·埃尔（比利时人）。这些最初的参与者中，很少有人正式从事过景观摄影，很多人是在得到 DATAR 的这项委托后，才拍出他们早期最重要的作品。在接下来的四年中，又有更多的摄影师加入，最终这个团队的人数达到了 28 人。[34]

由于 MPD 允许摄影师在提交作品时享有超乎寻常的自由，所以不足为奇的是，这个项目并不将国土视为合乎理性、整齐有序的，也没有按照惯例，将国土简单地二分为城市空间与农村空间。DATAR 的摄影师们选择用"海岸线景观"（巴西利科）、"当代城市主义"（杜瓦诺）、"巴黎郊区"（德劳霍什）、"后工业"（法斯特内肯）、"新商业空间"（焦尔当）、"从铁路和山地景观看到的景观"（里斯特许贝尔）等术语来指称他们所探讨的空间。另有两人谈到了"自然"空间或"自然"景观（特吕尔奇和埃尔）。

只有三位摄影师明确将"农村空间"定为拍摄主题（德帕尔东、汉纳佩尔、德费诺伊尔）。皮埃尔·德费诺伊尔拍摄了大量关于西南部景观的黑白照，看起来就像意大利的绘画。同样是黑白照，维尔纳·汉纳佩尔通过拍摄四个地区不同季节的田野，来探索"自然和农村景观"。德费诺伊尔和汉纳佩尔将农村描绘成大自然的领

地，而非人类努力的领域，这可能反映出拉塔尔热和埃
尔在努力将景观摄影提升为一门创造性艺术时的一种有
意识的转变，即摆脱 20 世纪 30 年代的人文主义摄影及
其对劳动的赞美。[35] 他们的作品表达了一种带有浪漫主
义色彩的绿色意识。然而，战后农业工业化在使得法国
农业部门成为经济动力源的同时，也给景观带来了影响，
对于这种影响，MPD 作为一个整体，却表现出了令人
惊讶的盲目性，或者也可能是缺乏兴趣。如果考虑到 20
世纪五六十年代农村现代化所带来的巨变和乐观情绪曾
被报刊和电视广为报道，这种无视似乎更加令人震惊。
此外，与农业部的做法一样，国家民间艺术与传统博物
馆和国家科学研究中心（CNRS）在 20 世纪六七十年
代开展多学科研究时，也雇用了专业摄影师和制片人来
收集数据。法国农业的重构被战后一代追求现代化的农
场主称为"无声的革命"——MPD 的工作几乎没有注
意到这场革命。在这方面，唯一的例外是雷蒙·德帕尔东。

雷蒙·德帕尔东

在将自己的研究领域确定为"农村和农业空间"时，
德帕尔东将农村空间设想为居住和务农的地方，这一点
很特别。对他来说，这个故事的讲述是非常个人化的。

利用 DATAR 委托的机会，他回到了自己的兄弟仍在耕作的家庭农场。他朝视觉自传的转向，发生在生活故事和农民自传风行的同一时刻。

雷蒙·德帕尔东生于 1942 年 7 月 6 日，在索恩河畔自由城郊区的一个家庭农场长大。自由城是一个大镇，往南 45 公里便是索恩河西岸的里昂。农场是他的祖父买下的，占地 100 英亩，有一座可追溯至 16 世纪的农舍。他的家族三代都在该地区务农。德帕尔东的父母请了两名农业工人当帮手，饲养奶牛，并种植小麦供应市场。作为家用，他们还养了猪和鸡、鸭、鹅等家禽，自己酿酒，并开辟了一个大菜园。除了面包和偶尔从每周来一次的行商那里购买的生活必需品外，一家人就靠自产维持生计。儿子让和雷蒙在放学后以及周末会帮着干点活。

德帕尔东在十一岁时便开始使用父母送给他的一台小小的箱式照相机拍照。十四岁时，他拿着初等教育毕业证书离开学校，此后曾短暂地给自由城的一位摄影师当学徒。在说服父母从里昂的跳蚤市场给他买了一台大画幅相机后，他跟着《大众机械》杂志的函授课程学习基本技能，并开始拍摄农场上的动物、家庭成员和邻居。

1958 年 10 月，德帕尔东前往巴黎，指望能从事摄影或电影工作。他从中央邮局的商业目录中筛选出一些地址，给它们写信，最终找到一位摄影师愿意收他为助手。这个乡下孩子是从哪里来的勇气，要把自己变成一名摄影记者？德帕尔东的说法是，"最主要的是，我拒绝成为一名农民"。[36]

在战后农村人口外流的高峰期，德帕尔东父母的农场后继无人，而他们对此不抱任何幻想。"我父母比我更早知道我不会接手农场，我的决心和我对摄影的热情让他们断了这种念头。"[37]德帕尔东的哥哥让在一所技术学校完成中等教育后，在格勒诺布尔的工厂工作。1958年5月，在雷蒙去巴黎七个月后，让去摩洛哥服兵役。[38]

德帕尔东来到巴黎不到六个月，他的雇主就帮助着创办了达尔马斯图片社，这是早期专门为杂志提供图片的图片社之一。德帕尔东发现自己失业了。[39]年仅十七岁的他还没有记者证，便开始以自由职业者的身份打拼。绝大多数摄影师都是作为这些图片社的领薪雇员而谋生的。在一次采访中，德帕尔东回忆说，20世纪60年代的新闻摄影师基本上都是记者："他们是被吸引着去摄影的记者，当然不是为了摄影本身。"[40]他为小报拍照，报道出席重要会议的政要；艺人和崭露头角的年轻演员、小型体育赛事都出现在他的镜头中——如此拼凑出一份收入。"在那个年代，没人在乎你的照片是否具有艺术价值。"[41]

1960年，年仅十八岁的德帕尔东在事业上首次获得重大突破，当时达尔马斯图片社派他前往乍得，报道在撒哈拉沙漠遇到麻烦的一支探险队。七名法国陆军的新兵在沙漠中迷失了方向，只有三人生还。德帕尔东拍摄的反映这次惨败的照片，被《巴黎竞赛》用十页版面刊登，并且上了《法国晚报》的头版，这促使达尔马斯图片社将其招入麾下。

　　差不多在同一时间，战后的国土整治也渗透到德帕尔东家农场所处的世界。1960 年，老德帕尔东得知，新的巴黎−里昂高速公路计划沿着索恩河谷而下，直接穿过他的农场。起初，他拒绝出售土地，但最终他屈服了，因为土地征用权法允许公共工程部征用这片土地，任何试图在法庭上抗争的业主将丧失一笔赔偿金。多年后，德帕尔东回忆起父亲的悲伤："我从未见过父亲这个样子。他不得不放弃自己的土地，这个事实对他的打击很大。"剩下的土地大部分被重新规划为工业和商业用途。[42] 1963 年，当让决定辞去工厂的工作，回家与父亲一起务农时，高速公路的建造已经占用了他们最好的田地。由于可耕种的土地所剩无几，购买新田地又过于昂贵，让卖掉大部分的牲口，转变了农场的经营方向："他从一个农民变得越来越像一个商品蔬菜的种植者。"[43]

　　在此期间，雷蒙开始以摄影记者的身份不断进行国际旅行。去殖民化的战争不仅成就了德帕尔东，也成就了他的朋友、同时代的吉勒·卡龙的事业。1966年，为了寻求更多的自主报道权、底片所有权和更大的利润分成，德帕尔东和卡龙帮助着成立了一家新的图片社，即伽玛图片社。两人一起在被占领领土（Occupied Territories）、比夫拉和乍得旅行和拍摄，为伽玛图片社树立了声誉，并使其成为其他新图片社（如希帕、西格玛和联系）的模板，而这些新出现的图片社，使巴黎得以在 20 世纪 70 年代中期继续成为世界新闻摄影之都。[44] 1978 年，三十六岁的德帕尔东离开伽玛，受邀加入马格南。

1979 年，德帕尔东出版了一部个人作品，隐晦地表达了他的艺术抱负的性质和源起。这本 20 页的小册子《笔记》，是德帕尔东在考察完黎巴嫩、巴基斯坦和阿富汗的战区后回到巴黎汇编而成的。多年后他解释说，他已经厌倦了"追拍照片来给新闻作插图，或是寻找令人愉悦的图像。我的角色只是默默地提供图像"。[45] 这本小册子穿插着他新近旅行时拍摄的黑白新闻摄影作品。那些源自日记的注解和心境情绪的表达，与传统的图片说明文字几乎无关。

在少数情况下，德帕尔东会联想到他的童年、父亲的农场和他的农民出身。例如，他曾去到巴基斯坦与阿富汗边境，为三个努里斯坦部落的人拍摄肖像，并从中看到了"我童年时代的伐木工"。[46] 与民族志学者帕斯卡尔·迪比、社会学家皮埃尔·布尔迪厄一样，德帕尔东将异国他乡的人与家乡的农民联系在一起。小册子中

还有一张照片，拍的是一张桌布，上面铺着煮得很老的
鸡蛋、煎饼，可以看到招待他的阿富汗主人在倒茶时伸
过来的一只手。在照片下面的文字中，德帕尔东扼要地
思考了他的社会出身意味着什么，然后表示希望拍摄一
部关于父亲农场的短片。[47]一年后，他在接受电台采访时，
回想起了这一时刻：

> 我当时在阿富汗的山区，置身于一个陌生的环
> 境中。他们请我喝茶，吃薄饼，就像我童年时去亲
> 戚家做客一样。光线顿时为之一变，冬天的光线，
> 正是那相同的［光线］。尤其是当光线发生这样的
> 变化时，一个人会突然扪心自问："天啊，我为什
> 么要离开农场？"[48]

巴黎《费加罗报》的摄影评论家们称赞德帕尔东新
找到的主观性为新闻摄影媒介注入了活力："终于，有一
个记者说出了'我'，他完全投入自己的工作中，拒绝
被客观性诱捕，敢于焦虑和怀疑。以这种方式，他更新
了报道的理念。"[49]

1981年夏天，德帕尔东在纽约待了好一阵子，进
一步发展了他的主观方法。当时《解放报》委托他每天
提供一张照片并配上文字说明，以登在该报的国际版上，
占半个版面，为期一月。这在德帕尔东的脑海中再次唤

起了他童年时代的农村世界。其中有一张照片是以办公楼卫生间为视点拍摄的曼哈顿中城的摩天大楼，德帕尔东在附带的文字中写道："我想用大画幅相机拍照。我想为我的家人拍照……我想到了乡下……现在那里一定是收获的季节。"[50] 当年晚些时候，当这些"纽约通信"出版成书时，德帕尔东用回到农村老家时拍的照片，为这本书提供了一个简短的收场："8月20日。索恩河畔自由城。勒加雷。我家的农场。与母亲一道去墓地，为父亲扫墓。"[51]

1978年的《笔记》和1981年的《纽约通信》堪称德帕尔东艺术生涯的里程碑。他在新闻摄影实践中秉持主观性的原则，将新闻照片审美化，使得新闻摄影进入艺术市场。[52] 他对农民生活回忆录的独特贡献也肇始于这两部作品。它们包含着视觉自传叙事的种子，德帕尔东在其中追溯了"辉煌三十年"的种种力量对其童年家园和父亲生活的毁坏。

1982年的头几个月，德帕尔东开始尝试拍摄自家农场的大幅照片。此前一年的冬天，他在纽约受到了美国纪实摄影大师作品的影响，尤其是沃克·埃文斯和保罗·斯特兰德。这两人都偏爱8×10英寸的大画幅相机，为了能增加景深，呈现出晶体的质感和细节，并更好地控制透视。使用这种笨重的相机，需要耐心、三脚架、时间和刻意的姿势，这与新闻摄影要求追逐和移动的做法正好相反。德帕尔东去农场时带的是一台战前生产的野外照相机，即一台芝加哥产的迪尔多夫 8×10 英寸大画幅照相机。[53]

几个月后，借着入选 MPD 的机会，德帕尔东开始全心扑到以自家农场为中心的自传项目上。"这是我重返加雷农场的绝佳借口！我甚至拿到了一张高速列车的通行证。我学会了如何使用 20×25 英寸［大画幅相机］拍摄彩色照片。"[54] 在一开始签约的时候，他定下的主题是"农村生活"。不过，1984 年，在经过实地考察后，他向项目负责人提出自己要改变意向。"我在用一种不同的摄像设备，拍摄与我的童年有关的、更为个人化的空间。这项工作已经进行有一阵子了。"[55]

这一决定在拍摄于 1983 年 6 月的《关键年代》中有所预示，这部纪录片反映了德帕尔东作为摄影师的发展历程。德帕尔东在片子中直接对着镜头说话，一张脸占满整个画面，在谈到 1976 年去世的父亲时露出懊悔之情："我意识到我并不了解他。我一心想着周游世界，本该为自己的童年，为我深深眷恋的农场，做更多的工作……后来我才明白，他是个了不起的人，跟来自瓦达伊［乍得东部的一个地区］的人一样有趣。"[56] 德帕尔东为 DATAR 拍的照片带着一丝忧郁之情，透着对离开故土和父亲的愧疚感。

MPD 项目的成果以三次不同的迭代呈现：1985 年

12 月至 1986 年 3 月，东京宫（巴黎重要的当代艺术博物馆）举办了一次广受关注、观者如云的展览；1988 年，MPD 正式结项时，一套官方的作品集被收入法国国家图书馆；1989 年，一本制作精美的大画册正式出版。在提交给 MPD 的每一版作品中，德帕尔东都对那些关于农场及其周边的图像进行了排序，为的是在远距离与近距离、外部与内部、过去与现在之间创造出一种动态的相互作用。在每一次对自家农场空间的探索中，他都更加明确地探讨了战后现代性如何侵入农业景观，如何影响到其家庭的劳动，以及农场如何充当其童年的剧场。德帕尔东的照片，记录了农场的物理景观的破坏，并将回到过去的不可能与由此触发的忧郁和乡愁予以可视化。

德帕尔东为东京宫展览提交的作品标志着他的转向，即开始对自己年轻时生活过的农民世界的转型进行主观反思。[57] 在这里，德帕尔东采用了一种斜视的方式来表现他的主题，在展览的附随目录中，这一主题被确定为"一个家庭农场的经营空间"。[58] 这个由十八张照片构成的系列，以一对令人费解的照片作为导引。一张展示的是一个庭院的内部。天气是阴天。在粉刷了灰泥的墙壁、未铺砌的泥土地面和地上碎石的映衬下，堆满后墙的蔬菜板条箱格外显眼，它们是由未经加工的木材制作而成的。在前景处，一把白色的塑料椅倒在一棵悬铃木下，树叶填满了照片的右上角。

　　德帕尔东将这幅封闭的风景与一张公路的照片搭配在一起：浓云密布的天空，布满道路和交通标志的交通岛，一座白色的仓库，以及远处一辆模糊的卡车；仓库的外墙，堆着一摞摞的栈板，构成微妙的几何图案。这是一个介于城乡之间的不确定空间，只是用来穿过的。德帕尔东将镜头对着路标的背后，这样这些路标就无法帮助观者确定方向。这两幅照片都具有"新地形学"的特征：严谨的构图、"中立的外表"、"不动声色"的情感、"最低限度的转折"，以及努力避免"判断或观点的痕迹"进入作品。[59]

　　随后的一对照片，则没有这种距离感或模糊性，它们把观者带到一座家庭农场的中心。左页是一个白发老妇人，身着黑衣，侧身坐在厨房的餐桌旁，其姿势让人想起詹姆斯·麦克尼尔·惠斯勒 * 为其母亲创作的标志性油画。德帕尔东描述了拍摄这张肖像照时母亲的生活："我母亲继续在农场生活……冬天住在厨房里。那个大厨房这时会变得非常冷……但她从二十三岁起就住在那

---

* 詹姆斯·麦克尼尔·惠斯勒（James McNeill Whistler，1834—1907），美国画家，强调绘画与音乐之间的相似之处，喜欢用音乐术语来命名作品。《惠斯勒的母亲》是他最著名的画作，正式名为《灰与黑的改编曲 1 号》。根据他母亲的说法，那天模特没有来，惠斯勒便建议为母亲画肖像，由于她站着太累，便采用坐姿。当时公众的反应是负面的，因为它显得过于朴素，不符合维多利亚时代崇尚多愁善感和华丽装饰的风气。

里，也就是说，已经住了五十多年。"[60] 对页的照片拍的是夏日正午阳光下的农场庭院。窗户上的蕾丝窗帘和敞开的大门仿佛在向人招手。在远处的角落里，一把白色塑料椅直立在一张小桌旁。几个蔬菜板条箱，让人想到该系列的第一张照片拍的也是这个庭院，不过采取了不同的视角。一丛正盛开着的玫瑰、一盆天竺葵，以及一辆前轮驶入视线的拖拉机的引擎盖，为画面增添了几抹红色与绿意。拖拉机导致德帕尔东为 DATAR 拍起了彩色照片：

> 突然间，色彩对我来说变得显而易见。我哥哥的拖拉机就停在农场的院子里，一台红色的梅西·弗格森拖拉机……我无法用黑白照片拍它。颜色太重要了。每个人都知道那种拖拉机的红。自从马歇尔计划实施，法国农业在美国的援助下推行现代化以来，这种红就是集体想象的一部分……我得用彩色来拍摄现代性。[61]

黑白照片可能会让农场看起来停留在过去，而彩色照片则会凸显出当前和变化的元素。[62]

当德帕尔东作出这一选择时，他使用的工具是现成的。到 20 世纪 50 年代中期，主要的画刊《生活》和《巴黎竞赛》都使用彩色封面来刊登最重要的时事照片和广告。[63] 从最初担任摄影记者起，德帕尔东就一直在同时拍摄黑白照片和彩色照片，以便将作品出售给尽可能多的新闻媒体机构。[64] 20 世纪 70 年代，此前被认为属于广告和新闻等庸俗领域的彩色摄影，作为一种艺术形式赢得了评论界和公众的认可。尽管"新地形学"摄影师中只有一人拍过彩照，但 1976 年纽约现代艺术博物馆为彩色摄影先驱威廉·埃格尔斯顿举办了个展，这位生于美国南方乡村的摄影师以其关于家乡的简朴而诗意的照片和对日常生活的普通事物的关注而闻名。德帕尔东曾花几个月在曼哈顿研究当地画廊和博物馆的摄影作品，而就在此期间，国际摄影中心展出了 47 位拍彩色照片的摄影师的最新作品，其中大部分摄影师都还很年轻，相对默默无闻。两年后，德帕尔东获得了创作自由和 MPD 提供的预算，可以选择使用彩色。这既是为了表达当下的时刻，也是为了艺术本身。[65]

德帕尔东为母亲这个白发苍苍、已是风烛残年的农妇拍摄的肖像，让人联想到"家庭几乎所有的东西都是自产自用"的时候。他在东京宫展出的两张照片描绘了这种农民生产方式的瓦解。蔬菜板条箱和翻倒的椅子表明了这一事实，即在高速公路穿过农场后，让·德帕尔东将农场的生产目的从自给自足转为种植蔬菜供应给附近新建的超市。德帕尔东拍摄了交通环岛、十字路口、仓库，以及取代田地的轻工业建筑。他在东京宫展出的几乎所有照片都是在室外拍的：田野、道路和轨道在广阔的天空下延伸，而天空通常被高压电力塔刺穿，被纵横交错的电线分割。除了两张庭院的照片和一张母亲的肖像照，农舍都只能被远远地看到。从这些作品中，我们感受到的是拘谨、疏离和克制。

然而，不管其影像作品如何冷峻，德帕尔东选择以一则充满激情的隐秘信息作为其展览的开端，且这个信息就隐藏在公众的眼前。在展览目录中，与自己的名字和简短的传记相对，德帕尔东插入了一张小小的航拍照片的黑白底片，并且没有附上标签。[66] 拉塔尔热和埃尔赋予摄影师的任务是诠释艺术家从亲临景观的经历中获得的个人体验。但在提供这种私密的视角之前，德帕尔东展示了航空勘测摄影的总体化视角，而这种摄影曾充当战后现代主义规划师的"法宝"，帮助他们构思宏大的项目，对城市和农村景观进行合理化、重新设计和有序化。[67]

展览目录标明这张照片为"索恩河畔自由城周边地区；巴黎国家地理研究所文件"。这张照片从高处拍摄，捕捉到了一条大河的流向、田野的形态和密集的市区。只要有一个放大镜，知道该往哪里看的人就能精确地找到加雷农场的位置。德帕尔东精心选择的航拍镜头，是关于随后要展出的作品的一个暗号：目标便是这个地方。

图 5.1　索恩河畔滨海自由城周边景象的鸟瞰。1981 年。© IGN 1981

　　四年后，德帕尔东的风格从隐秘的愤怒和克制转向了挽歌和怀旧。作为对 MPD 委托工作的总结，他出版了《在马孔平原上》。这本由大幅照片组成的、内容丰富的作品集，堪称一幅农场的肖像画，在时间和空间的穿越上都更加直接。整部作品集以农舍作为核心关注点，德帕尔东的镜头朝向农舍、围绕农舍、穿越农舍，将农舍作为劳动、梦想和亲密关系的场所。他将他为 DATAR 拍摄的、精心构图的大幅彩色照片，跟他小时候拍摄并冲洗的快照和更正式的照片组合在一起，从

而引入了家庭相册的元素，使这本作品集成为变迁的
记录。[68]

德帕尔东首先把农场的地理位置锚定在更为广阔的
景观中。他穿过索恩河，在勒加雷正西方向行走了1.5
公里，以拍摄尚未带有工业化印记的农村景观。那里不
像他家的农场，后者已遭到工业化的侵蚀。放在扉页上
的小照片只用了几个元素：蓝天、白云和麦田，一条土
路从麦田之间穿过，缓缓上升，与地平线相接。这个
场景是个人化的。德帕尔东一家会在周日去探望母亲
那边的亲戚，并前往外祖父母村里的墓地给他们扫墓，
他们走的就是这条小路。在同一地点拍摄的另一张照
片中，沿路的电线杆和电线，将观者的视线引向远处
的索恩河谷和博若莱山丘。德帕尔东说，"农场就在照
片中，即使你看不到它"。[69]

接下来的照片是在离家较近的地方拍的。一条阳光
斑驳的狭窄车道通向农场的庭院，然后进入家庭生活和
童年的私密内部空间。在父母的卧室里，婚床床头板的
上方，悬挂着两张椭圆形的装框肖像照，分别是婴儿时
期的雷蒙和让。铺着花纹油布的木桌和古旧的石板地面，
标示着厨房是家庭的中心。

在院子里的其中一个谷仓里，魔法般的金色光线洒
在干草捆上，照亮了质地粗糙的石墙。农场周围的干
草房和阁楼是孩子们陷入遐想的地方，也是有客人来

图 5.2　在勒加雷农场用马犁地，1956 年或 1957 年。雷蒙·德帕尔东。版权属于雷蒙·德帕尔东和马格南图片社，MPD 计划。图片由马格南图片社提供

时可以供他们躲藏的地方。德帕尔东回忆道："十二岁前后的我在谷仓里做白日梦的时间，比帮父母干农活的时间还多。"[70]

　　通过对比相隔多年的照片，德帕尔东展示了大规模现代化和国土整治对农场的破坏。在他青少年时期拍摄的一张黑白照片中，农场工人西尔韦斯特在一块地里赶着马拉爬犁。后来这块地被国家征用，并改划为商业用途。德帕尔东对此有准确的描述："今天，就在我拍下这张照片的地方，已经没有了那两匹马，它们名叫芳芳和比茹。有的是一条高速公路，还有一个购物中心，里面有一家爱买吉安［大型超市］和一家麦当劳。"[71]

让·德帕尔东是在 1958 年 5 月离家前往摩洛哥服兵役的。差不多一年后，弟弟给他拍了一张照片，只见他身着深色西装和白衬衫，双手插在裤兜里，大步走过一小块地，背景是刚抽出嫩叶的树木。雷蒙将哥哥的这张照片与 1983 年拍的一张彩色照片搭配在一起。在后一张照片中，家庭农场的地被高压电塔横穿而过，这些巨大的塔架支撑着一根根电线，将天空划破。在这片景观中并无人物，但他的哥哥却通过他的劳动而在场。一辆轻型卡车停在成排的蔬菜旁。卡车上装满了板条箱，在高耸入云的铁塔的衬托下，看起来像个玩具。铁塔之间的这片大变样的景观，便是让·德帕尔东的耕作之地。

雷蒙·德帕尔东对农业生产和农村空间的视觉探索，尖锐地提醒人们，有关战后现代化影响的经验研究和理论研究几乎都是以城市或郊区为背景进行的。例如，哲学家亨利·列斐伏尔接受的是农村社会学训练，但他在 20 世纪 60 年代转向了城市社会学、建筑学和城市主义，以发展他那影响深远的关于社会实践如何生产空间的理论。正如他所说，他"从城市转向农村"是因为继 1950 年拉克发现一处巨大的天然气田之后，比利牛斯省的一座旧村庄旁又修建了一座工业新城，而他母亲的房屋便在这个村子里，他需要对此作出回应。[72] 常规的理解似乎认为城市是现代性的引擎，而农村地区是传统的堡垒。这种习见导致法国社会科学家和理论家忽视了农村现代性的可能。

尽管德帕尔东是一位视觉艺术家，但他并没有将马孔平原和加雷农场主要作为某种外在的东西来看待。在若干年后，已经成为知名艺术家的德帕尔东谈到了隐藏在这些为 DATAR 拍摄的照片表面之下的情感："我对大型开发项目感到愤怒，我父亲的农场就是因为需要被它们征用而拆毁的……我只有一个愿望，那就是和这场灾难算账。这场巨大的动荡让我的父亲病倒了，并使他陷入抑郁之中。"[73] 农场的毁坏让父亲在精神上受到创伤，因为父亲需要靠土地和劳作来获得身份认同，并赋予自己的日常生活以意义，而现在这种联系被切断了。德帕尔东继承了父亲的愤怒。凭借摄影这一媒介，他可以传达父亲只能压抑在体内的情感。

受到国家行为对父亲造成的影响的困扰，德帕尔东将这一景观解释为通过日常活动和体力劳动参与其中的人们所生活、体验和创造的东西。他为 DATAR 拍的照片，是从他要拍摄的世界内部选取视角的。德帕尔东摒弃了在航拍中体现得最为极端的、超脱的、观测性的凝视，将马孔平原可视化为一个生活的世界、一个家园、一个由人建造的栖居之地。在这里，人们通过所造的房子和劳作，留下自己的痕迹。就此而言，他表达了被景观理论家、现象学家和人类学家概念化的观点，即景观更多是一种居住环境，而不是映射到物理世界的图像或文化意义。[74] 还是一个孩子时，德帕尔东拒绝农场的工作。当父亲不在人世时，他以拍摄农场作为在农场的工作，或许也是想为数代的家庭劳动挽回点什么，尽管他很清楚一切已为时过晚。

德帕尔东为 DATAR 拍摄的作品反映了农村景观的支离破碎，以及新造出的景观作为人为改变的产物，是如何混杂、如何不易归类。他在 1985 年的作品档案，虽然很隐晦，而且是从远处拍摄的，却展现了他童年时代的景观，这些景观被"辉煌三十年"的现代化和他参与其中的农村人口外流毁掉。他的作品风格简洁，带着"新地形学"的影响，讲述了一个紊乱和错位的故事。1988 年，似乎是为了缓和这种批判，德帕尔东在他的彩色作品集中加入他小时候拍的黑白快照。通过抢救童年的痕迹，使人重新住入他过去生活其中的农村世界，并且放大居住的共振（resonance），他似乎创造出了时间的延续性。然而，黑白照片和彩色照片的混搭，使得过去与现在相互对峙，也让人注意到断裂的存在——例如，将 1958 年他哥哥在田野散步的黑白照片与后来他哥哥劳动的彩色照片搭配在一起。他父母卧室里的那张照片也产生了这种效果：现今的彩色壁纸衬托着雷蒙和让婴儿时期的黑白肖像照。通过结合黑白与彩色、过去与现在，德帕尔东捕捉了自己的离去所造成的断裂；通过结合见证与怀旧，他表达了对离开农场的后悔。

　　雷蒙·德帕尔东以视觉自传的最终形式，将对当下的观照与自己的农村往昔的碎片缝合在一起。但是，与风景如画的农舍不同，他童年时的家并不会唤起多少他人的乡愁，而且考虑到其地理位置，估计也不太可能吸引寻找次要住所或者试图回归土地的人。正如德帕尔东描述的："你行驶在 A6 高速公路上，离自由城收费站还有两公里处时，往左侧下行，会来到一座桥前，对面是一个巨大的购物区。几秒钟后，你就能看到一群被刺槐环绕着的房屋。这就是加雷的老街区。"[75] 德帕尔东的摄影作品讲述了一个具体的个人故事，即栖居之所的破坏和不可能回到过去的痛苦，同时也讲述了一个关于现代化、错位和离开的故事。正是这种离开的过程，导致农民的房屋和农场成为其他人可以参观，甚至可能居住的地方。

结 语

    1981 年 3 月，法国社会党公布了其总统候选人的巨大的竞选横幅，并在法国各地选区的墙壁和广告牌上张贴。在横幅中，候选人弗朗索瓦·密特朗安详地凝视着远方，他的头和肩膀背后是一座传统乡村的全景。[1]庄严的罗马式教堂的轮廓和村庄广场建筑的屋顶在整个画面上展开，被融入蓝色天空的玫瑰色朝霞映衬；密特朗的竞选口号"稳定的力量"印在他的头像上方。这幅肖像的背景是由候选人亲自选定的，它成了法国首位社会党总统竞选成功的不可磨灭的象征。[2]

    许多人，包括与密特朗定期协商设计竞选信息的广告主管在内，都认为密特朗使用大家都很熟悉的右翼视觉修辞，体现了一种政治智慧，虽然不排除有人这么说是在冷嘲热讽。[3]这幅海报沿袭了法国保守派政客的悠

图 1 "稳定的力量",法国社会党总统候选人弗朗索瓦·密特朗的竞
选海报,1981 年。由帕特里克·德梅尔韦莱克(Patrick de Mervelec)
拍摄。图片来自让–饶勒斯基金会的收藏

久传统,将自身描绘成立足于农村地区的形象——要么
是外省的镇长或村长,要么是在农村管理家族庄园的农
场主。此外,这张海报还毫不掩饰地融入了维希政权在
20 世纪 40 年代初从 19 世纪的农村主义传统那里继承而
来的重要元素。[4] 因此,密特朗的竞选形象很容易被视为体
现了这样一种思想姿态,即把农村世界视为抵御世界主义、
种族混杂、文化和精神颓废的堡垒。[5] 不足为奇的是,海报
第一次提交给社会党领导层审批时,遭到了严厉的谴责。[6]

　　然而,这张海报在策略上的高明之处,不仅仅在
于它向右翼选民表态保证这位社会党人值得信赖。密特
朗之所以选择以理想化的法国农村形象来投射稳定的力
量,是因为他敏锐地判断出,在 1981 年,法国公众对
乡村广泛地抱有积极的憧憬。这张海报也许可以取悦那
些步入中年或者更老的怀旧者,让·费拉在 1964 年创

作的民谣《群山》和皮埃尔·邦特关于法国农业小镇的广播节目在他们中间大受欢迎。选举结果表明，海报也鼓舞了年轻一代的左翼，1968年的五月风暴洗礼了他们，富有前瞻性思维的乌托邦主义塑造了他们，对他们来说，法国农村既蕴涵着当下的可能性，也代表着未来的可能性。

本书认为，这张海报之所以著名，是因为在战后的几十年里，乡村被赋予了自相矛盾的价值：既是现代化的参与者，又是现代化的解毒剂。密特朗的竞选海报可谓为法国选民提供了一幅关于乡村整体的引人入胜的形象，而就在同一年，雷蒙·德帕尔东回到儿时的家，拍摄父亲留下的那座裂痕累累的农场。这两种同时出现的图景，凸显了法国乡村引发的叙事是多么多重且相互抵触。

近年来，有学者认为，战后的法国既背负着第二次世界大战的不良后果和维希政权遗留的问题，更受到帝国终结的影响。毕竟，欧洲战场的战争已于1945年结束，但法国人在被盟军解放后不久就派兵海外作战，以维护法兰西帝国，先是在印度支那，后是在非洲。从1954年到1962年，在阿尔及利亚残酷的内战期间，共有134.3万名年轻人应征到北非服兵役，其中许多人来自饱受农村人口外流之痛的地区。20世纪六七十年代，经济活力和社会变革既受到属于白人、基督徒（即便只是名义上的）的法国农民和农村居民向国内的城市地区的移民推动，也受到来自阿尔及利亚与来自北非和撒哈拉以南的非洲、印度支那、太平洋和加勒比海地区的前殖民地和保护国的海外移民的推动。简而言之,亨利·芒德拉在1966年宣布的"农民的终结",与身为非基督徒的非欧洲人几乎全部在法国大都市地区定居的现象,发生在同一时期。

后殖民时期的移民向大都会区城市的涌入,会不会是城市生活的另一方面,导致法国中产阶级到乡下翻新农舍中寻求庇护?即使有些人认为移民助长了反城市情绪,但并无证据表明,次要住所的兴起与之直接相关。与此同时,法兰西帝国和法国农民文化越来越难以为继这一事实,加剧了这种悖论:乡村被想象(imagined)成稳定之地,却又被体验(experienced)为空心和失调之地。正如戴高乐的名言所宣称的,他决定让法国"转变为一个新的国家,迎娶属于它的时代",对他来说,农村社会的日渐消亡与海外帝国的终结是同一过程的组成部分,为的是适应战后经济和政治权力的新格局。与其说一方导致了另一方,不如说,失落感和遗憾是同一现象的两个方面。

1984年,农村社会学家亨利·芒德拉重申了他的评估,即战后的农业革命终结了农民阶级。他断言,"形势证实了我的观点:法国一千年的文明在一代人的时间里消亡了"。[7]芒德拉的学生、对农业深有研究的社会学家贝特朗·埃尔维厄也得出了同样的结论:"农民作为一种社会组织形式消亡的那一天，农民赋予其形式和意味的农村社会也随之瓦解。"[8]21世纪初，同样的故事继续在讲述。例如，2006年，出生自勃艮第的人类学家帕斯卡尔·迪比报告了其家乡农民的终结："曾经身为土地主人的农民，变成了高级技术人员，失去了自己的文化，[而]现在他们又设法融化在现代化的迷雾之中，任由自己被其笼罩和吞噬。"2012年的夏天，社会学家让-皮埃尔·勒高夫在沃克吕兹省度了二十天的假，之后得出结论：旅游业摧毁了普罗旺斯的村庄生活。[9]简而言之，无论是亲身体验还是理论分析，以农村人口外流和农民作为一个社会阶级的消亡来衡量，战后法国农村的历史往往被认为是一部持久的衰落史。

本书在强调和探讨这些错位与断裂的同时，也反驳了衰落论的叙事，展示了在20世纪六七十年代，法国乡村是如何通过社会事件和文化表征赋予农村生活的象征性和物质性价值，从而得到更新和改变的。农村社会并没有因为农民的消失而消亡，相反，留守的农村人和新来者对其进行了不断的重塑。我们可以从农民回忆录作者（如埃米莉·卡莱斯和埃弗拉伊姆·格雷纳杜）的声音中，从新来者（如次要住所的业主、公社成员和新农村人）的行动中，以及从一些离开农村后又返回的人（有的是回来务农，有的是为了记录和描绘土地）的决定中看到这一点。他们抢救或借鉴农民文明残留的技能和生活方式，建立起自己版本的农村生活。[10]农民作为一个社会阶层可能已经消亡，但农村和农村生活却依然存在，并受到重视：不仅作为农业生产的场所，而且越来越多地作为休闲运动、旅游、社会抗争和政治参与的场所；不仅作为短时间的居住之地，也作为主要居住之地，以及值得保护的自然环境。

　　本书提出，城乡之间的对立长期以来一直是思考人类定居的社会经验的键槽*——就法国的情况而言，这种对立可以追溯到高卢-罗马时代或中世纪城镇的诞生——但这种对立并不像人们想象的那么持久。[11]1951年，在战后经济大加速的前夜，这一区别对于新成立的国家科学研究中心社会学部所召集的重要社会学家、历史学家和政策制定者来说是有用的，他们探讨的是"与城市生活的关系和互动给法国农村生活带来的转变"。[12]从20世纪50年代到80年代初，随着全球范围内的居住区逐渐变成城市和郊区，城乡对比的做法一直很流行，因为它仍然昭示着当代世界关于交往和居住的社会组织的基本问题。[13]然而，这种清晰的空间划分也受到了挑战。

　　20世纪八九十年代，城镇和城市的郊外，以及介

---

* 键槽（key way）是机械零件上的一种凹槽，用于接受键，以实现传动或定位的作用。

于城市与郊区之间的土地——其中大部分之前是农业用地——受到商业开发,由此形成的"城市周界"不断增长,传统的城乡对比已经很难成立。要从文化上理解这种转变颇为困难,部分是出于这一原因,DATAR 才在 1981年委托摄影师回应那些使得当代法国景观变得难以辨认的变化。雷蒙·德帕尔东在其父亲农场旁边拍摄的交通环岛和仓库的照片,捕捉到了这种混杂之地的不确定性。如今,在法国几乎所有大大小小的城市的市区之外,都可以找到环形交叉路口、超市、汽车经销店和轻工业等无处不在的元素。这使得城乡之间的界限从可识别的历史古镇或名城的中心,进一步转移到不断变化的郊区或城市周界边缘。西里尔·魏纳在其 2008 年的摄影作品中将这种动态可视化,让楠泰尔郊区的一座未完工的建筑项目留下的杂草丛生的空地,成为唤起人们的农村印象的场所。不容忽视的是,这些新的城市边缘,也是新的农村边缘。

这些新空间的出现提醒我们,战后法国农村的再造,并非要脱离或对抗城市,而是要重新定义其与城市以及整个世界的关系。农村既是衰败和失落的场所,也是动态变化和适应的场所。战后的农村重塑,重新赋予农村以价值,不仅唤起人们对传统法国的回忆,也为未来的法国创造了一个充满活力和不断发展的部分。

致 谢

幸赖多年来给我提供建议、知识、专长、友谊、支持的人和机构，本书才得以完成，很高兴有机会在这里向他们表示感谢。

位于北卡罗来纳州三角研究园的国家人文科学中心在2008—2009年提供的奖学金，资助了我最初的研究和写作。中心主任和工作人员的支持，以及其他研究员在智力活动层面的陪伴，让我度过了神奇的一年。加州大学欧文分校人文学院定期资助我前往法国进行研究旅行，并为本书的出版提供了补贴。

在巴黎，来自公共机构和私人组织的档案管理员和图书管理员，为我的研究提供了便利，并使之大为增色。本书的许多工作是在法国国家图书馆以及位于该图书馆的国家视听研究所收藏馆完成的，公众可以在那里查阅法国电视和广播的国家档案。收藏馆馆长克里斯蒂娜·巴尔比耶-布韦的专业知识让我获益匪浅。她对我的课题的热情，以及对法国电视和广播历史的了解，让我的这项研究初具眉目。在法国国家图书馆的表演艺术部，诺埃勒·吉雷允许我在乔治·鲁基耶的档案和文件尚未正式编目之前就不受阻碍地查阅。布丽吉特·贝格则在她领导的独立电影档案馆"电影文献"（Les Documents cinématographiques）热情地接待了我。在法国国家图书馆的印刷和摄影部，管理员埃洛伊兹·科内萨让我有机会一览 MPD 的原始照片集。法国乡间别墅协会的工作人员允许我查阅该组织的行政档案，而法国农宅协会的图书管理员指点我如何找到相关资料。在福尔内图书馆，玛丽-卡特琳·格里舒瓦和蒂埃里·德万克为我打开了该馆丰富的农业海报收藏。还要感谢历史学家卡里纳-拉里莎·巴塞建议我前往加尔省热诺拉克，探索塞文国家公园的档案和文献中心的收藏。

　　我在法国、瑞士和奥地利，对欧洲农业合作社"龙谷脉"的成员和前成员进行了广泛的采访。乌尔里克·菲雷、吉多·戈雷、雅各布·米泰斯、阿内斯·雷塞、米夏埃尔·勒斯勒尔和米夏埃尔·根纳给予了我特别的帮助。安托万·布朗什曼、热讷维耶沃·萨维尼、帕特里斯·梅内和伊丽莎白·梅内还邀请我到他们家中，就新农村主义（néo-ruralité）和农业政治进行讨论，让我很长见识。

雷蒙·德帕尔东慷慨拨冗与我讨论他拍摄的自家农场的照片。他和奈马·卡杜尔确保我从马格南图片社获得了我需要的图像。

我还要特别感谢那些鼓励我探索新的研究课题和领域的学者和朋友。多年来，瓦妮莎·施瓦茨与我分享了她对视觉史的热情，并愿意讨论我工作的方方面面。她和林恩·亨特都敦促我将摄影作为这项研究的重点之一。在巴黎，摄影史学家拉斐尔·贝尔托慷慨地分享了她自己的作品，推荐了我应该去找的资料来源，并将我引见给别人。皮埃尔·阿尔方德里、弗朗索瓦斯·迪博、马丁·德拉苏迪埃等法国农村史和社会史学家，则邀请我参加他们在法国社会科学高等学院开设的长期研讨班。

法国历史研究学会（SFHS）、西方法国历史学会（WSFH）、建筑历史学家协会等学术组织的年会，让我有机会提出自己初步的想法。参加专业会议有助于我选择本书的主题和结构。感谢历史学家夏尔-弗朗索瓦·马蒂斯和让-弗朗索瓦·穆奥于 2010 年在巴黎索邦大学组织的会议"法国式的环境保护？"。感谢马克·雷德佩宁、尤利娅·勒塞尔和克里斯托弗·鲍曼于 2013 年在班贝格大学组织的跨学科会议"农村性：新视角和新主题"。感谢斯坦福大学的 J. P. 多顿和加州大学圣地亚哥分校的弗兰克·比耶斯邀请我到他们的大学介绍我的研究。

　　每个写作者都需要敏锐的审稿人来改进他们的作品。感谢《法国历史》和《法国政治、文化与社会》的匿名审稿人，并感谢这两本期刊允许我使用已发表文章中的材料。林恩·亨特、杰恩·刘易斯和露特·克吕格阅读了个别章节的草稿。一群忠诚的同事和朋友阅读了全部手稿，并提供了广泛的意见、问题和建设性的批评，使得写出一本好书成为可能。他们有罗伯特·莫勒、蒂莫西·塔克特、瓦妮莎·施瓦茨、玛丽·伍尔西。在出版方面，特别幸运的是，牛津大学出版社的苏珊·费伯很早就对这个项目产生了兴趣，并且兴趣始终不减。出版社的匿名审稿人给出了中肯的专家建议，而苏珊在编辑上花了很大的心血。

　　缺乏同事和朋友之间的思想交流和相互鼓励，智力劳作是无法长期坚持下去的。在帮助我完成本书的许多人中，我要感谢伊丽莎白·艾伦、迈克尔·贝斯、韦努斯·比瓦尔、阿德里亚娜·布里斯科、安德烈·比尔吉埃、伊恩·科勒、埃朗·舍尼、德尼·沙尔比、爱德华·迪蒙德贝格、乔安妮·戈尔登、阿尔诺·吉辛格、尤塔·黑克豪森、凯文·奥尔森、乌尔里克·卢德雷尔、阿内·弗利波、阿内·奥利维耶、洛朗·奥利维耶、阿内·索菲·佩里奥、莫莉·施奈德、贝亚特·特瓦尔特和朱迪·泽文。

　　我的孪生姐姐伊丽莎白、我的兄弟丹尼尔和我的父母永远在背后支持着我。我的母亲伊丽莎白·米奇利以思维缜密和表达清晰见长，在本书的写作过程中，她不辞辛劳地帮我把关。我的父亲托马斯·法默喜爱历史，坚信历史之于理解世界的重要性。他也把他的这份爱与信念传递给了我。看到本书得以问世，他定会欣慰不已。

注 释

导 言

1　Cyrille Weiner, *La fabrique du pré* (Trézélan: Filigranes Éditions, 2017). 魏纳的作品化用了弗朗索瓦·科拉尔（François Kollar）于 1934 年拍摄的一幅标志性的黑白照片《农民与工厂》（"Peasant and Factory"），甚至马的皮毛花色都是如此。

2　T. J. Clark, "The Environs of Paris," in *The Painting of Modern Life: Paris in the Art of Manet and His Followers* (Princeton, NJ: Princeton University Press, 1984), 147–204.

3　See Kenny Cupers, *The Social Project*: *Housing Postwar France* (Minneapolis: University of Minnesota Press, 2014); Annie Fourcaut, "Les premiers grands ensembles en région parisienne: Ne pas refaire le banlieue?," *French Historical Studies* 27, no. 1 (2004): 195–218.

4　1921 年，法国农村地区仍生活着 2100 万人，占全国人口的 54%。Marc Desportes and Antoine Picon, *De l'espace au territoire: L'aménagement en France, XVIe siècles* (Paris: Presses de l'École nationale des Ponts et chausées, 1997), 113. 市镇（commune）是法国最小的行政区划。当一个市镇拥有一个超过 2000 人的镇（town）时，它便被定义为城市（urban）。

5　Henri Mendras, *Sociologie de la campagne française*, "Que sais-je?" (Paris: Presses universitaires de France, 1959), 5.

6　Henri Mendras, *La fin des paysans: Suivi d'une refléxion sur La fin des paysans, vingt ans après* (Arles: Actes Sud, 1984), 25. 虽然芒德拉的关注点完全在农村，但他对"西方文明"和"基督教"的提及提醒我们，战后法国农村人口从外省涌入城市的同时，来自马格里布地区（阿尔及利亚、摩洛哥和突尼斯）的非西方、非基督徒、非白人移民也大量涌入。

7　芒德拉并非唯一作出这种诊断的人。在 *Une France sans paysans* (Paris: Éditions du Seuil, 1965)一书中，农学家米歇尔·热尔韦（Michel Gervais）得出结论说，在国际市场力量的冲击之下，小农户已被压垮。1964 年，历史学家戈登·赖特谈到法国农村发生了一场"史无前例"的革命。Gordon Wright, *Rural Revolution in France: The Peasantry in the Twentieth Century* (Stanford, CA: Stanford University Press, 1964), 178. 1976 年，乔治·杜比的《法国农村史》（*Histoire de la France rurale*）第四卷，也是最后一卷的标题为《法国农民的终结，从 1914 年到现在》（*La fin de la France paysanne, 1914–à nos jours*）。

8　Jean Fourastié, *Les trente glorieuses: Ou la révolution invisible de 1946 à 1975* (Paris: Fayard, 1979), 41, 44; Bertrand Hervieu, *Les champs du futur* (Paris: Éditions François Bourin, 1993), 35.

9　Michel Gervais, Marcel Jollivet, and Yves Tavernier, *La fin de la France paysanne*, ed. Georges Duby and Armand Wallon, vol. 4, *Histoire de la France rurale* (Paris: Éditions du Seuil, 1977), 123.

10　E. J. Hobsbawm, *The Age of Extremes: The Short Twentieth*

Century, 1914–1991 (New York: Viking, 1994), 257–258, 289.

11 可以用于比较的欧洲案例，见 Dario Gaggio, *The Shaping of Tuscany: Landscape and Society Between Tradition and Modernity* (Cambridge: Cambridge University Press, 2017); Alun Hawkins, *The Death of Rural England: A Social History of the Countryside since 1900* (London: Routledge, 2003)。

12 城市周界（*peri-urbain*）一词于 1966 年出现在战后现代化与重建项目"第五计划"（Plan V）的用语中。该计划由计划总委员会（Commissariat général du Plan）领导。Lise Cornilleau and Sylvain Kahn, "Ne dites plus "péri-urbain" !," France Culture, https:// www.franceculture.fr/ sciences/ ne-dites-plus-peri-urbain.

13 Placide Rambaud, *Société rurale et urbanisation* (Paris: Éditions du Seuil, 1969); Nicole Mathieu, "La notion du rural et les rapports ville-campagnes en France. Des années cinquante aux années quatre- vingts," *Économie rurale* 197 (1990): 35–41. 法国农村研究领域的顶尖期刊用了整整一期来讨论这个问题：*Études rurales*, no. 49/50, *L'urbanisation des campagnes* (January–June, 1973)。

14 François Dagognet, ed. *Mort du paysage?: Philosophie et esthétique du paysage: actes du colloque de Lyon*, (Paris: Éditions Champ Vallon, 1982), 13; Henry Buller, "The 'espace productif', the 'théâtre de la nature' and the 'territoires de développement local': The opposing rationales of contemporary French rural development policy," *International Planning Studies* 9, no. 2–3 (2004): 101–109; Philippe Perrier-Cornet and Bertrand Hervieu, "Les transformations des campagnes françaises: Une vue d'ensemble," in *Repenser les campagnes*, ed. Philippe Perrier-Cornet (Paris: Éditions de l'Aube/ DATAR, 2002), 9–31; Venus Bivar, "Manufacturing a Multifunctional Countryside:

Operational Landscapes, Urban Desire, and the French State, 1945–1976," *French Politics, Culture & Society* 36, no. 2 (2018): 53–76.

15   Eugen Weber, *Peasants into Frenchmen: The Modernization of Rural France, 1870–1914* (Stanford, CA: Stanford University Press, 1976), 486. 厄让·韦伯的研究是以罗歇·塔博（Roger Thabault）初版于 1944 年的家乡变化史为蓝本的。*Mon village: Ses hommes, ses routes, son école* (Paris: Presses de la Fondation nationale, 1993).

16   厄让·韦伯是基于传统文化与现代文化之间的对立来描述法国农民社会的。对这种进路的有效批判，见 Charles Tilly, "Did the Cake of Custom Break?," in *Consciousness and Class Experience in Nineteenth-Century Europe*, ed. John Merriman (New York: Holmes and Meier, 1979), 17–44; James R. Lehning, *Peasant and French: Cultural Contact in Rural France During the Nineteenth Century* (Cambridge: Cambridge University Press, 1995); Susan Carol Rogers, *Shaping Modern Times in Rural France: The Transformation and Reproduction of an Aveyronnais Community* (Princeton, NJ: Princeton University Press, 1991); Patrick Young, *Enacting Brittany: Tourism and Culture in Provincial France, 1871–1939* (Burlington, VT: Ashgate, 2012)。

17   Fernand Braudel, *The Identity of France*, vol. 2 (London: Collins, 1990), 674. 译文据 Michael Bess，第一句略有改动。

18   1984 年，地理学家阿尔芒·弗雷蒙注意到，"土地从未如此彻底地吸引那些不再以耕地为生，但仍希望与土地相连，并成为土地一部分的人"。Armand Frémont, "La terre," in *Les lieux de mémoire, vol. 3, La France*, ed. Pierre Nora (Paris Éditions: Gallimard, 1984), 20; Michael Bess, *The Light Green Society: Ecology and Technological Modernity in France, 1960–2000*

(Chicago: University of Chicago, 2003), 38–49.

19   1954—1962 年的内战及其余波，让"黑脚"（欧洲裔的阿尔及
利亚人）以及阿尔及利亚穆斯林住进了公共住房，但条件各不
相同。Cupers, 164–165; Amelia H. Lyons, *The Civilizing Mission
in the Metropole: Algerian Families and the French Welfare State
during Decolonization* (Stanford, CA: Stanford University Press,
2013), 194–202.

20   Pierre Bonte, *Le bonheur était dans le pré* (Paris: Albin Michel,
2004), 61. 1959—1974 年，TF1 电台每天早上 6 点 50 分到 7 点
播出《早安，市长先生》（"Bonjour Monsieur le Maire"）。在
后续播出的节目《向生活干杯》（"Vive la vie"）、《早安法国》
（"Bonjour la France"）、《幸福在草地上》（"Le bonheur est
dans le pré"）、《我的家乡》中，邦特继续采访来自法国农村的
人们。他在这个广播时段坚守了二十四年。

21   Dominique Kalifa, *La véritable histoire de la "Belle Époque"*
(Paris: Fayard, 2017), 173–179.

22   Lucien Clergue and Françoise Dubost, *Mon paysage: Le paysage
préféré des français* (Paris: Marval, 1995), 52.

23   Shanny Peer, *France on Display: Peasants, Provincials, and
Folklore in the 1937 Paris World's Fair* (Albany: State University
of New York Press, 1998).

24   Raymond Williams, *The Country and the City* (New York: Oxford
University Press, 1973), 12. 托马斯·多德曼探讨了怀旧如何
从一种病理学的症状转变成一种更为弥散的，甚至是安慰性
的对过去的渴望。Thomas Dodman, *What Nostalgia Was: War,
Empire, and the Time of a Deadly Emotion* (Chicago: University
of Chicago Press, 2018).

25   Pierre Alphandéry and Yannick Sencébé, "L'émergence de la
sociologie rurale en France (1945– 1967)," *Études rurales*, no. 83

(January–June 2009), 23–40. 法国农村社会学学派是法国国家农学研究院于 1962 年创建、由亨利·芒德拉领导的农村社会学实验室与法国国家科学研究中心的社会学小组合作的产物。相关学者包括贝特朗·埃尔维厄（Bertrand Hervieu）、让·维亚尔（Jean Viard）、皮埃尔·阿尔方德里（Pierre Alphandéry）、乔治·杜比（Georges Duby）、马塞尔·若利韦（Marcel Jollivet）、皮埃尔·比通（Pierre Bitoun）和伊夫·杜邦（Yves Dupont）等。

26 农村景观作为遗产的例子，见 Anne Fortier-Kriegel, *L'avenir des paysages de France* (Paris: Fayard, 2004); Gaggio; David Matless, *Landscape and Englishness* (London: Reaktion Books, 1998)。关于在农村空间进行休闲娱乐的需求的研究，见 Bertrand Hervieu and Jean Viard, *Au bonheur des campagnes* (Paris: Éditions de l'Aube, 2001); Bernard Kayser, *Ils ont choisi la campagne* (Paris: Éditions de l'Aube, 1996); Jean-Didier Urbain, *Paradis verts: Désirs de campagne et passions résidentielles* (Paris: Payot, 2002)。

27 尽管自 20 世纪 30 年代以来，长时段地关注土地使用和景观的历史一直是年鉴学派的特点，但环境史作为一个正式的子域在法国发展相对较晚；自然与环境保护史学会（AHPNE）直到 2008 年才成立。

28 在《浅绿社会》(*The Light-Green Society*) 一书中，贝斯提出了战后法国社会的一个核心悖论：法国人在拥抱技术现代性和消费主义的同时，也在寻求与自然世界保持联系的方式。贝斯认为，法国环保主义的出现是为了回应"辉煌三十年"的错位和农民社会的消亡，而其他人认为这种环保意识产生于 19 世纪。Caroline Ford, *Natural Interests: The Contest Over Environment in Modern France* (Cambridge, MA: Harvard University Press, 2016); Charles-François Mathis and Jean-François Mouhot, eds., *Une protection de la nature à la française, XIXe-XXe siècles*

(Seyssel: Champ Vallon, 2013); A. Cadoret, ed. *Protection de la Nature: Histoire et idéologie, de la nature à l'environment* (Paris: L'Harmattan, 1985).

29 Helen Lefkowitz Horowitz, *A Taste for Provence* (Chicago: University of Chicago Press, 2016).

第一章 农民已死，农民万岁！

1 Institut national de l'audiovisuel, "Allocution radiodiffusée et télévisée du général de Gaulle, June 14, 1960," http://www.ina. fr/video/CAF88026987/ allocution-radiodiffusee-et-televisee- du-general-de-gaulle-video.html.

2 H. R. Kedward, *La Vie en Bleu: France and the French since 1900* (London: Allen Lane, 2005), 381.

3 Rebecca J. Pulju, *Women and Mass Consumer Society in Postwar France* (Cambridge: Cambridge University Press, 2011), 32–33.

4 Robert Frank, *La hantise du déclin: La France de 1920 à nos jours* (Morangis: Éditions Belin, 2014). 战后对技术进步的狂热信念的表达，见 Jean Fourastié, *Le grand espoir du XXe siècle: Progrès technique, progrès économique, progrès social* (Paris: Presses universitaires de France, 1949)。

5 Jean-Robert Pitte, *Philippe Lamour: Père de l'aménagement du territoire* (Paris: Fayard, 2002), 45–75.

6 莫内更多地受到他所看到的盟军战争动员技术的影响，而不像拉乌尔·多特里等两次世界大战之间的规划者，对苏联的五年计划有那么深刻的印象。但法国的计划有时也会与苏联的五年计划进行比较。Jean-Pierre Rioux, *The Fourth Republic* (Cambridge: Éditions de la Maison des sciences de l'homme

and Cambridge University Press, 1987), 170–171. 1951 年，经济学家阿尔弗雷德·索维（Alfred Sauvy）指出了法国的计划为何既不同于苏联的计划，亦有别于资本主义国家计划。Georges Friedmann, *Villes et campagnes: Civilisation urbaine et civilisation rurale en France*, 2nd ed. (Paris: Armand Colin, 1970), 89. 菲利普·诺德曾将美国新政的进步方面与法国的战后规划相提并论。Philip G. Nord, *France's New Deal: From the Thirties to the Postwar Era* (Princeton, NJ: Princeton University Press, 2010).

7   Rioux, *The Fourth Republic*, 317.

8   Gabrielle Hecht, *The Radiance of France: Nuclear Power and National Identity after World War II* (Cambridge, MA: MIT Press, 1998); Robert Gilpin, *France in the Age of the Scientific State* (Princeton, NJ: Princeton University Press, 1968), 186. 历史学家迈克尔·贝斯恰如其分地生造了"技术达尔文主义"一词，认为是这种思想在驱使着法国国家为了民族生存而追求最先进的技术创新。Michael Bess, *The Light Green Society: Ecology and Technological Modernity in France, 1960– 2000* (Chicago: University of Chicago, 2003), 18–21.

9   我对农业现代化的讨论有赖于 Venus Bivar, *Organic Resistance: The Struggle over Industrial Farming in Postwar France* (Chapel Hill: University of North Carolina Press, 2018), 13–47。另见 M. C. Cleary, *Peasants, Politicians, and Producers: The Organisation of Agriculture in France since 1918* (Cambridge: Cambridge University Press, 1989)。

10 Kedward, *La Vie en Bleu*, 349–350.

11 他们将德国和英国作为法国小麦、牛奶、奶制品、肉类和果蔬的潜在进口国。Bivar, *Organic Resistance*, 22–24. 农业代表参与了规划委员会每个阶段的工作。Gordon Wright, *Rural*

Revolution in France: The Peasantry in the Twentieth Century (Stanford, CA: Stanford University Press, 1964), 144.

12 Bertrand Hervieu and Jean Viard, *L'archipel paysan: La fin de la république agricole* (Éditions de l'Aube, 2001), 43–44; Gilles Laferté and Yannick Sencébé, "Le contrôle du foncier en France, entre stratégies familiales et poltiques publiques," in *Campagnes contemporaines: Enjeux économiques et sociaux des espaces ruraux français*, ed. Stéphane Blancard, Cécile Détang-Dessendre, and Nicolas Renahy (Versailles: Éditions Quae, 2016).

13 Wright, *Rural Revolution in France*, 1; Hervieu and Viard, *L'archipel paysan*, 56–58.

14 Cited in Pierre Cheverry and Pierre Clergeot, *Paysages ruraux: Un perpétuel devenir: 1800–2000, Histoire de l'aménagement foncier* (Paris: Éditions Publi- Topex, 2005), 113.

15 Jean-Pierre Dormois, *The French Economy in the Twentieth Century* (Cambridge: Cambridge University Press, 2004), 101–102.

16 "La Motorisation de l'agriculture en France," *Sondages: Revue française de l'opinion publique* 3 (1953): 19. 这些统计数字包括从事渔业和林业的人。

17 "La Motorisation de l'agriculture," 10.

18 各个地区的概况，参见 René Dumont and François de Ravignan, *Nouveaux voyages dans les campagnes françaises* (Paris: Éditions du Seuil, 1977)。

19 Michel Gervais, Claude Servolin, and Jean Weil, *Une France sans paysans* (Paris: Éditions du Seuil, 1965), 11.

20 Bivar, *Organic Resistance*, 16–17.

21 Michel Gervais, Marcel Jollivet, and Yves Tavernier, *La fin de la France paysanne*, ed. Georges Duby and Armand Wallon, vol.

4, *Histoire de la France rurale* (Paris: Éditions du Seuil, 1977), 339–350.

22　Ibid., 4, 109.

23　Annie Moulin, *Les paysans dans la société française: De la Révolution à nos jours* (Paris: Seuil, 1988), 215. 法国有机农业的起源，见 Bivar, *Organic Resistance*, 48–84。

24　对人马分离进行的持久的学术探究，见 Ulrich Raulff, *Farewell to the Horse: The Final Century of Our Relationship*, trans. Ruth Ahmedzai Kemp (London: Allen Lane, 2017)。1946 年，农民作家让·罗比内用了一整部小说来描写役马的劳动。Jean Robinet, *Compagnons de labour: Roman d'un paysan et de ses chevaux* (Paris: Flammarion, 1946). 二十年后，农民回忆录作家埃弗拉伊姆·格雷纳杜回忆说，随着拖拉机的到来，役畜突然就退出了农场生活（见第四章）。

25　土地整合也许是战后农业现代化中最具争议的方面，参见 Bivar, *Organic Resistance*, 29–34, 92–104。更详细的历史，见 Cheverry and Clergeot, *Paysages ruraux*。

26　Rioux, *The Fourth Republic*, 319, 384; Moulin, *Les paysans dans la société française*, 215.

27　Gervais, Servolin, and Weil, *Une France sans paysans*, 11; Rioux, *The Fourth Republic*, 384– 385; Moulin, *Les paysans dans la société française*, 21.

28　Cheverry and Clergeot, *Paysages ruraux*, 317; Dormois, *The French Economy in the Twentieth Century*, 85– 86. 国内移民也是农村人口流动的一部分。20 世纪 50 年代末，在政府的规划之下，北部、东部、西部和高山省份的小农户迁到卢瓦尔河以南人口更少的地区。*Le Chrétien*, June 19, 1959. Wright, *Rural Revolution in France*, 145.

29　Bertrand Hervieu, *Les champs du futur* (Paris: Éditions François

Bourin, 1993), 35.

30 Gervais, Servolin, and Weil, *Une France sans paysans*, 10.

31 Ibid., 9. See also Patrick Champagne, *L'héritage refusé: La crise de la reproduction sociale de la paysannerie française, 1950–2000* (Paris: Éditions du Seuil, 2002).

32 Pulju, *Women and Mass Consumer Society*, 128.

33 Rioux, *The Fourth Republic*, 331, 358.

34 Jean-Dominique Brierre, *Jean Ferrat, une vie* (Paris: L'Archipel, 2010), 19–22.

35 Ephraïm Grenadou and Alain Prévost, *Grenadou, paysan français* (Paris: Éditions du Seuil, 1966).

36 *Les inconnus de la terre*, directed by Mario Ruspoli (1969; Paris Éditions Montparnasse, 2016), DVD.

37 Pierre Bourdieu, *Sketch for a Self- Analysis*, trans. Richard Nice (Chicago: Chicago University Press, 2008), 64; Pierre Bourdieu, *Le bal des célibataires: Crise de la société paysanne en Béarn* (Paris: Éditions du Seuil, 2002), 110–126.

38 根据下面这篇文章, 这个问题一直持续到 20 世纪 70 年代 : "Un signe des régions en difficulté: La Foire aux célibataires à Caylus (Tarn-et-Garonne)," *La Croix*, April 18, 1970。

39 Moulin, *Les paysans dans la société française*, 206.

40 Joffre Dumazadier, *Télévision et éducation populaire: Les télé- clubs en France* (Paris: UNESCO, 1955); Marie- Françoise Lévy, "La création des télé-clubs: L'expérience de l'Aisne," in *La télévision dans la République: Les années 50*, ed. Marie-Françoise Lévy, *Histoire du temps présent* (Paris: Éditions Complexe, 1999). 法国政府和联合国教科文组织合作制作了这个系列片。1961 年, 77% 的农场主拥有一台收音机, 到 1973 年, 电视才得以普及。Moulin, *Les paysans dans la société française*, 214.

41 160 万法国人（其中许多是乡下人）曾经被囚禁在德国，其中近 100 万人一直被关到 1945 年 5 月 8 日欧洲战场的战争结束时。Yves Durand, *La captivité: Histoire des prisonniers de guerre français, 1939–1945* (Paris: Fédération nationale des combattants prisonniers de guerre, 1980).

42 Fonds Georges Rouquier, "Les Quatre Saisons, Dossier Modèle, Cadre de l'Action," Carton 1, folder 1, BnF; Fonds Georges Rouquier, "Fourniture énergie," Carton 3, folder 11, BnF; Jean Oberlé, "Farrebique," *Vogue*, January–February 1947.

43 Laurence Wylie, *Village in the Vaucluse: An Account of Life in a French Village* (New York: Harper and Row, 1961), 31–32.

44 Marc Desportes and Antoine Picon, *De l'espace au territoire* (Paris: Presses de l'École nationale des Ponts et chausées, 1997), 114.

45 Daniel Mermet, *Nos années Pierrot: C'était les années d'après 68* (Paris: La Découverte; France Inter, 2001), 23.

46 Rioux, *The Fourth Republic*, 386; Alain Vernholes, "Plus de 40% des logements ruruax n'ont pas encore l'eau courante," *Le Monde*, December 6, 1964.

47 René Domergue, "Nous ne voulons plus vivre dans des taudis," *La Croix*, November 3, 1962.

48 Rioux, *The Fourth Republic*, 181, 383.

49 Gervais, Servolin, and Weil, *Une France sans paysans*, 60.

50 Bivar, *Organic Resistance*, 117.

51 CNJA 由米歇尔·德巴蒂斯（Michel Debatisse）领导，受到"天主教农业青年"（JAC）组织及其在战后的领导人勒内·科尔松（René Colson）的理念影响。CNJA 的文化革命是去说服其成员不要将土地视为家庭的祖产，而是视为"工作的工具"。Hervieu and Viard, *L'archipel paysan*, 69–70. 对年轻一代的信条的详细阐述，见 Michel Debatisse, *La révolution silencieuse: Le combat des paysans* (Paris: Calmann-Lévy, 1963); René Colson, *Un paysan face à l'avenir rurale: La JAC et la modernisation de l'agriculture* (Paris: Épi S.A. Éditeurs, 1976)。

52 Andrew W. M. Smith, *Terror and Terroir: The Winegrowers of the Languedoc and Modern France* (Manchester: Manchester University Press, 2016), 91–98.

53 Hervieu and Viard, 69–70; Bivar, *Organic Resistance*; Moulin, *Les paysans dans la société française*, 224. 在新一代现代农场主中，一些人大声疾呼，拒绝融入高产的、大规模的资本主义生产，并加入由贝尔纳·朗贝尔（Bernard Lambert）在 20 世纪 60 年代发起的具有社会主义思想的激进行动，以捍卫小农场主的利益。见 *Paysan et rebelle: Un portrait de Bernard Lambert*, directed by Christian Rouaud (Paris: Pathé Télévisions; Iskra Films, 2002), DVD。与此同时，极少数叛逆者开始推广有机农业，以取代国家推广的耕作技术。Bivar, *Organic Resistance*, 114–131.

54 Moulin, *Les paysans dans la société française*, 254–255.

55 Bivar, *Organic Resistance*, 35; Bess, *The Light Green Society*, 49. 格拉维耶将这一术语界定为一门使得"人口、生产和基础设施在地理上获得最令人满意的再分配"的"新艺术"。Jean-François Gravier, *Paris et le désert français: Décentralisation, équipement, population* (Paris: Éditions Le Portulan, 1947), 357.

56 1941 年，维希政权任命了第一个负责国家地区规划政策的政府机构，即国家基础设施代表团（DGEN）。战后，DGEN 的成员在重建部和 CGP 任职。Jean-Robert Pitte, *Philippe Lamour: Père de l'aménagement du territoire* (Paris: Fayard, 2002), 55–71, 224–225. 众所周知，格拉维耶仰慕"法兰西行动"（Action française）的主要理论家夏尔·莫拉斯（Charles Maurras），并

且有威权主义的倾向。Olivier Dard, "La construction progressive d'un discours et d'un milieu aménageur des années trentes aux années cinquante," in *La politique de l'aménagement du térritoire: Racines, logiques et résultats*, ed. Patrice Caro, Olivier Dard, and Jean-Claude Daumas (Rennes: Presses universitaires de Rennes, 2002), 66, 74–75. 欧仁·克洛迪于斯-珀蒂（Eugène Claudius-Petit）是一个显著的例外。作为最早在部长一级中倡导国土整治的人，他是从抵抗运动中走出来的左翼。Benoît Pouvreau, "La politique d'aménagement du territoire d'Eugène Claudius-Petit," *Vingtième Siècle. Revue d'histoire* 79, no. 3 (2003): 43–52. 从 20 世纪 30 年代到维希时代，再到第四共和国，对现代化的向往和倡导性质各不相同。相关的研究，参见 Nord, *France's New Deal*, chs. 1–3。

57　Cited in Dard, "La construction progressive d'un discours," 76; Sara B. Pritchard, *Confluence: The Nature of Technology and the Remaking of the Rhône* (Cambridge, MA: Harvard University Press, 2011), 165.

58　Pierre Deyon and Armand Frémont, *La France et l'aménagement de son territoire, 1945–2015* (Paris: Librairie générale de droit et de jurisprudence, E.J.A., 2000), 9–10.

59　Eugen Weber, "In Search of the Hexagon," in *My France: Politics, Culture, Myth* (Cambridge: Harvard University Press, 1991), 57–71.

60　Cited in Desportes and Picon, *De l'espace au territoire*, 139.

61　Dard, "La construction progressive d'un discours," 75.

62　Olivier Guichard, *Aménager la France* (Paris: Éditions Robert Laffont, 1965), 63–74; Rosemary Wakeman, *The Heroic City: Paris, 1945–1958* (Chicago: University of Chicago Press, 2009), 59. 将工业转移到落后地区是有限度的。至少在早期阶段，巴

黎盆地周边的城市中心获得了一半的援助。Rioux, *The Fourth Republic*, 349.

63   See Kenny Cupers, *The Social Project: Housing Postwar France* (Minneapolis: University of Minnesota Press, 2014).

64   Paul Bérion and Jean-François Langumier, "Le réseau autoroutier français," in *La politique d'aménagement du territoire: Racines, logiques et résultats*, ed. Patrice Caro, Olivier Dard, and Jean-Claude Daumas (Rennes: Presses universitaires de Rennes, 2002), 121.

65   Desportes and Picon, *De l'espace au territoire*, 121.

66   Bérion and Langumier, "Le réseau autoroutier français," 126–129. 这也是喷气式飞机等新型交通工具的时代。随着奥利机场在 1961 年的启用，法国成为喷气式飞机时代的一个中心。Vanessa R. Schwartz, "Dimanche à Orly: The Jet-Age and the Spectacle of Technology between Sky and Earth," *French Politics, Culture & Society* 32, no. 3 (2014): 24–44.

67   André Trintignac, *Aménager l'hexagone: Villages, villes, régions* (Paris: Éditions Centurion, 1964).

68   1952—1959 年间，工业产值增长了 50%，这一速度超过了之前工业爆炸式增长的时期，如"美好年代"和 20 世纪 20 年代。Rioux, *The Fourth Republic*, 321; Desportes and Picon, *De l'espace au territoire*, 142.

69   利用罗讷河水力的计划由来已久，可以追溯到 20 世纪初。为此目的成立的公司最早诞生于 1921 年，并为美国田纳西河流域管理局所效仿。Pritchard, *Confluence*, 40, 45; Trintignac, *Aménager l'hexagone*, 135.

70   Pritchard, *Confluence*, 78–131. 朗格多克的灌溉和农业变革，参见 Pitte, *Philippe Lamour*, 153–202。

71   Gravier, *Paris et le désert français*, 352–353.

72 在这方面，他们跟欧洲和法国的农业政策相悖。Desportes and Picon, *De l'espace au territoire*, 152.

73 Guichard, *Aménager la France*, 102–103.

74 Hervieu and Viard, *L'archipel paysan*, 71.

75 Bess, *The Light Green Society*, 58.

76 Délégation à l'aménagement du territoire et à l'action régionale (DATAR), "Les journées nationales d'études sur les Parcs naturels régionaux, Lurs en Provence," (September 1966), 5–6. 关于这些观念在 19 世纪的起源，参见 Karine-Larissa Basset, *Aux origines du Parc national des Cévennes: Des précurseurs à la création le 2 septembre 1970* (Florac: Parc national des Cévennes, Association Clair de Terre, GARAE, 2010)。

77 Hervieu and Viard, *L'archipel paysan*, 71. 在发展政策中，对农村空间的愿景存在竞争，相关讨论参见 Buller, "The 'espace productif,'" 101–119。21 世纪初法国"景观之都"（landscape capital）的目录，参见 Anne Fortier-Kriegel, *L'avenir des paysages de France* (Paris: Fayard, 2004)。

78 例如，1969 年，下阿尔卑斯省总议会开发了"薰衣草之路"，作为穿越普罗旺斯偏远地区的旅游路线。Romain Monge, "Les Routes de la Lavande: Au carrefour du développement culturel et de la valorisation de la ressource" (paper presented at the conference Routes touristiques et itinéraires culturels, entre mémoire et développement, Québec, Canada, June 13, 2012). 海伦·霍洛维茨追溯了美国人在 20 世纪 70 年代对普罗旺斯的热爱。Helen Lefkowitz Horowitz, *A Taste for Provence* (Chicago: University of Chicago Press, 2016).

79 Bess, *The Light Green Society*, 81.

80 Charles de Gaulle, *Memoirs of Hope: Renewal and Endeavor*, trans. Terence Kilmartin (New York: Simon and Schuster, 1971), 156.

第二章　第二家园：作为乡村度假胜地的农宅

1　人口学家注意到，1945—1962 年间，布列塔尼、诺曼底、皮卡第、孚日、汝拉、中部地区，以及中央高原的南部，其农村人口的外流与次要住所的显著增加之间存在相关性。La Documentation française, "Les résidences secondaires en France dans le cadre de l'habitat de loisir," *Notes et études documentaires* 3939–3940 (November 8, 1972): 36.

2　为简便起见，本章使用了"次要住所"这个行政术语，尽管事实上它并不能涵盖其拥有者赋予的意味、产生的联想和获得的情感体验。这些次要住所的拥有者可能会把它当作家宅，或者认为其重要性并不亚于他们在城市中的居所。

3　Janick Arbois and Joshka Schidlow, *La vraie vie des Français* (Paris: Éditions du Seuil, 1978), 20.

4　Marie-Laure de Léotard with Francine Rivaud, "Fermettes: toujours plus cher, toujours plus loin," *L'Express*, September 18, 1978, 360.

5　Françoise Dubost, "Les résidences secondaires: Nouvelles orientations," Groupe de Prospective sur l'Avenir des Espaces Ruraux, DATAR, 1995; Jean-Didier Urbain, *Paradis verts: Désirs de campagne et passions résidentielles* (Paris: Éditions Payot, 2002); Colin Michael Hall and Dieter K. Müller, eds., *Tourism, Mobility and Second Homes: Between Elite Landscape and Common Ground* (Clevedone, UK: Channel View Publishers, 2004); Martyne Perrot and Martin de la Soudière, "La résidence secondaire: Un nouveau mode d'habiter la campagne?," *Ruralia [online]* 2 (1998), http:// ruralia.revues.org/ 34; Philippe Bonnin and Roselyn de Villanova, eds., *D'une maison l'autre: Parcours et mobilités résidentielles* (Grane: Éditions Créaphis, 1999).

6   Jean-Pierre Rioux, *The Fourth Republic* (Cambridge: Éditions de la Maison des sciences de l'homme and Cambridge University Press, 1987), 363–364; Jean Comtat, "Les causes profondes de la disparité des revenus entre les paysans et les autres catégories de la nation," *Paysans*, no. 10 (February-March 1958): 33–44.

7   1967 年，法国国家统计与经济研究所（INSEE）将次要住所定义为"住户在任何时候都可以留宿的住所（主要住所除外），短期租用、借出或由通常不与住户同住的其他家庭成员占用的不算"。次要住所可以是自有的，也可以是租用的。此外，INSEE 还将为度假而租用的带家具的住所列为次要住所。INSEE, "Les résidences secondaires des français en juin 1967," *Études et conjonctures, revue mensuelle de l'INSEE* supplement, no. 5 (1968): 3; La Documentation française, "Les rsidences secondaires en France dansn le cadre de l'habitat et de loisirs," 7. 本章虽然部分依据 INSEE 的统计数据，但对次要住所的界定更为狭义，也更为通俗易懂："已经拥有一处主要住所的居住者，无论是房主还是整年租房者，在一年中的任何时候都可以使用的所有住所"。Max-André Brier, *Les résidences secondaires* (Paris: Éditions Dunod, 1970), 3.

8   "Bienfaits ou nuisances," *Le Monde*, December 25, 1976; Roland Itey, "160000 résidences secondaires en France III. La ville à la campagne?," *La Croix*, May 8, 1977; Françoise Cribier, "Les résidences secondaires des citadins dans les campagnes françaises," *Études rurales*, no. 49/ 50 (January–June 1973): 184; Brier, *Les résidences secondaires* 2.

9   即便如此，在当时的美国，每 77 个居民中就有一个人拥有次要住所。"L'hexagone terre promise," *Le Figaro*, January 9, 1978.

10   INSEE 认为花园建筑或活动房屋并不属于次要住所。Cribier, "Les résidences secondaires des citadins dans les campagnes

françaises," 182 n, 1.

11   INSEE, "Les résidences secondaires des français en juin 1967,"
     4, 18; Cribier, "Les résidences secondaires des citadins dans les
     campagnes françaises," 189.

12   "Avec le printemps voici les chasseurs de fermettes," *Fermettes
     et résidences secondaires*, no.1 (March 1966): 6.

13   La Documentation française, "Les résidences secondaires en
     France dans le cadre de l'habitat de loisir," 36.

14   Catherine Bergeron, "Résidences secondaires: ce qu'elles
     coûtent," *Le Point*, April 16, 1979.

15   Nicholas Green, *The Spectacle of Nature: Landscape and
     Bourgeois Culture in Nineteenth-Century France* (Manchester:
     Manchester University Press 1990), 84–89.

16   INSEE, "Les résidences secondaires des français en juin 1967," 9.
     其他类别包括:农场主和农业工人,3%;服务人员,6%;其他（艺
     术家、神职人员、军官、警察），14%；非经济活动人口，5%。

17   Christian Rudel, "De la ville à la résidence secondaire. I. La
     vieille maison à retaper: une aventure coûteuse," *La Croix*,
     August 22, 1972; La Documentation française, "Les résidences
     secondaires en France dans le cadre de l'habitat de loisir," 33. 次
     要住所充当着维持家庭与农村、农业根基之间联系的场所，相
     关讨论参见 Nicolas Renahy, "Ville et campagne en famille: Les
     résidences secondaires," in *Repenser les campagnes*, ed. Philippe
     Perrier-Cornet (Paris: Éditions de l'Aube/ DATAR, 2002):
     125–144。次要住所充当着家庭记忆的场所，参见 Martyne
     Perrot, "La maison de famille," in *L'autre maison: La "résidence
     secondaire," refuge des générations*, ed. Françoise Dubost (Paris:
     Éditions Autrement, 1998): 38–67。

18   Cribier, "Les résidences secondaires des citadins dans les

campagnes françaises," 192.

19 "Avec le printemps voici les chasseurs de fermettes," 6.

20 "A la recherche de l'air pur," *Dimanche à la campagne*, France
    Culture, Paris, April 30, 1967.

21 "Avec le printemps voici les chasseurs de fermettes," 9–10.

22 "L'INSEE révèle: Développement considérable des résidences
    secondaires en france [sic]," *Fermettes et résidences secondaires*,
    no. 23 (October–November 1968): 7–10.

23 "蓝色海岸"的旅游开发,使得该地只有富人才消费得起。罗杰·瓦
    迪姆(Roger Vadim)于 1956 年拍摄的电影《上帝创造女人》
    描绘了这一变化,该片以处于旅游开发风口浪尖上的农村圣特
    罗佩为背景。

24 Roger Béteille, *La France du vide* (Paris: Librairies techniques,
    1981), 220.

25 Rioux, *The Fourth Republic*, 369.

26 Rebecca J. Pulju, *Women and Mass Consumer Society in Postwar
    France* (Cambridge: Cambridge University Press, 2011), 15.

27 Rioux, *The Fourth Republic*, 370.

28 La Documentation française, "Les résidences secondaires en
    France dans le cadre de l'habitat de loisir," 43.

29 Mathieu Flonneau, "City Infrastructure and City Dwellers,"
    Journal of Transport History 27, no. 1 (2006): 99.

30 Robert Landry, *Guide des villages abandonnés* (Paris: Éditions
    André Balland, 1970), 12.

31 *Journal télévisé de la RTF*, "Villages abandonnés dans les Alpes,"
    aired on February 26, 1961, on RFT.

32 Cited in Landry, *Guide des villages abandonnés*, 18.

33 Bonte, *Le bonheur était dans le pré*, 97–98.

34 Pascal Gabrielle, "Le roman de ma fermette (C'était une grange

délabrée achetée 9 000 F)," *La Maison de Marie- Claire*, February 1967.

35 Anne-Marie Comte, "C'était une ferme abandonée," *La Maison de Marie-Claire*, August 1967; "La chaumière dont vous revez," *La Maison de Marie-Claire*, July 1967.

36 Pompon Bailhache, "Ma chaumière bretonne," *La Maison de Marie-Claire*, September 1967.

37 Georges Palot, "La ferme réssuscitée," *La Maison de Marie-Claire*, January 1968.

38 Pierre Toussaint, "Vieilles maisons à retaper: Ardèche," *La Maison de Marie-Claire*, July 1967.

39 Toussaint, "Vieilles maisons à retaper: Tarne-et-Garonnne," *La Maison de Marie-Claire*, January 1968.

40 Toussaint, "Vieilles maisons à retaper," *La Maison de Marie-Claire*, March 1968.

41 Landry, *Guide des villages abandonnés*, 13; "Le guide des villages abandonnés," *Dimanche à la campagne*, France Culture, Paris, June 28, 1970.

42 "南部"（Midi）既是地理上的名称，更是文化上的指称，包括阿基坦、朗格多克和普罗旺斯等传统地区。

43 *Guide des villages abandonnés*, 23. 城里人通常假定，次要住所数量的增加，会使得城市财富总体上涌入出售这类房子的农村地区，但情况并非如此。出售空置农民房的大部分利润所得都流向了别处，因为大多数卖主都住在市镇以外的大区首府或者大城市里。毕竟，半数以上的农民空置房的主人都属于人口外流者、因为年老而搬走的人，或者已经死掉的人。在当地居住的卖主，往往是用卖房所得来补充退休收入的老人，而不是将其再投资于当地经济的年轻人。再者，农民房卖不出多少钱，因为这些房屋往往没有维修过，不通自来水，也不通电，且室

内没有厕所。它们的售价往往只有翻修过后的价值的四分之
一。Cribier, "Les résidences secondaires des citadins dans les
campagnes françaises," 198–199.

44   "L'exode agricole va mettre sur le marché de très nombreuses
maisons rurales," *Maisons à la campagne*, no. 13 (May–June
1967): 3–4.

45   "Ce qui sera recherché demain: Les régions tranquilles," *Maisons
à la campagne*, no. 11 (January- February 1967): 340; "Que
doit-être un marché des maisons à la campagne?," *Maisons à la
campagne*, no. 13 (May-June 1967): 2.

46   "L'exode agricole va mettre sur le marché de très nombreuses
maisons rurales," 3.

47   "Maisons à la campagne vous propose: 230 Maisons en Lozère
offertes par les notaires ou par les services du S.A.F.E.R.,"
Maisons à la campagne, no. 14 (September-October 1967): 5.

48   "Pourquoi les notaires négocientils?," *Maisons à la campagne*,
no.11 (Janurary-February 1967): 341."

49   "L'exode agricole va mettre sur le marché de très nombreuses
maisons rurales," 4.

50   "Ce qui sera recherché demain: Les régions tranquilles."

51   Itey, "160000 résidences secondaires en France III. La ville à la
campagne?"; Denis Jeambar and Catherine Bergeron, "Résidences
secondaires: L'invasion silencieuse," *Le Point*, September 29,
1976.

52   Pierre Toussaint, *Les vieilles maisons à retaper* (Paris: Éditions
Robert Laffont, 1975), 44.

53   Rioux, *The Fourth Republic*, 360; INSEE, "Les résidences
secondaires des français en juin 1967," 17.

54   Bonte, *Le bonheur était dans le pré*, 39–40.

55 "Vacances à la maison de campagne!," *Fermettes et résidences secondaires*, no. 5 (July-August 1966): 2.

56 "Fuir les villes, échapper à la contrainte et l'ennui," *Le Monde*, April 13, 1973. 在学术上重述这种反城市情绪的最有名的著作来自路易·舍瓦利耶。该书初版于 1977 年，对第五共和国的城市规划者和政客们破坏巴黎旧城的行为痛心疾首。Louis Chevalier, *The Assassination of Paris*, trans. David P. Jordan (Chicago: University of Chicago Press, 1994).

57 Christian Rudel, "De la ville à la résidence secondaire. II. Contre la pollution les résidences de weekend," *La Croix*, August 23, 1972.

58 Arbois and Schidlow, *La vraie vie des Français, 30. .*

59 "Avec le printemps voici les chasseurs de fermettes," 9.

60 P. Delaire, "Comprendre la ruée des citadins vers les campagnes," *Maisons paysannes de France*, no. 1 (1971): 18; Brier, *Les résidences secondaires*, 6– 9.

61 Michael Woods, *Rural* (New York: Routledge, 2011), 21.

62 Armand Frémont, ed. *La Terre*, vol. 3, Les lieux de mémoire (Paris: Éditions Gallimard, 1984), 54.

63 Roger Fischer, "L'art de restaurer une maison paysanne: Moderniser oui dénaturer non," *Fermettes et résidences secondaires*, no. 3 (May 1966): 15.

64 Roger Fischer, *Restaurer sans trahir* (Paris: Éditions BIAS, 1969), 8.

65 Toussaint, *Les vieilles maisons à retaper*, 52.

66 Toussaint, *Les vieilles maisons à retaper*, 44.

67 Herman Lebovics, *True France: The Wars Over Cultural Identity, 1900–1945* (Ithaca, NY: Cornell University Press, 1992), 160.

68 Georges Henri Rivière and Albert Demangeon, *La maison rurale*

en France: Catalogue-guide illustré, (Paris: Denoël, n.d.). 关 于 1937 年世界博览会上展示的法国农民文化，参见 Shanny Peer, *France on Display: Peasants, Provincials, and Folklore in the 1937 Paris World's Fair* (Albany, NY: State University of New York Press, 1998)。里维埃既是一位民俗学者，也是一位美学家和巴黎先锋派成员，他对民族文化遗产持多元的观点。欲了解这位谜一样的人物，参见 Alice L. Conklin, *In the Museum of Man: Race, Anthropology, and Empire in France, 1850–1950* (Ithaca, NY: Cornell University Press, 2013); Martine Segalen, *Vie d'un musée, 1937–2005* (Paris: Stock, 2005)。

69   战后，索布尔出版了一本以农村房屋为主题的专著。Albert Soboul, *La maison rurale française. Étude géographique* (Chambéry: Les Éditions scolaires, 1955).

70   Henri Lefebvre, "Notes on the New Town (April 1960)," in *Introduction to Modernity* (London: Verso, 1995), 116–126.

71   Cited by Lukasz Stanek, *Henri Lefebvre: Architecture, Urban Research, and the Production of Theory* (Minneapolis: University of Minnesota Press, 2011), 17. 列斐伏尔以农村社会学家作为其学术生涯的开端，参见第 5—17 页。

72   Toussaint, *Les vieilles maisons à retaper*, 131.

73   J. Lacastaigneratte, "Comment tirer parti de vieux meubles des fermes," *Fermettes et résidences secondaires*, no. 6 (September 1966): 10.

74   Sophie and Pascal Belmont, Gabrielle, "Fouineuse: Camargue et Brière, deux écobalades," *La Maison de Marie-Claire*, August 1979.

75   1950 年，社会学家让·富拉斯蒂耶和他的妻子弗朗索瓦丝认为，要保持法国家庭在体力和智力上的活力，就必须提高家居环境的舒适度。Jean Fourastié and Françoise Fourastié,

Histoire du confort, "Que sais-je?" (Paris: Presses universitaires de France, 1973). 在"辉煌三十年"期间，体面的住房和舒适的家居环境，不仅被视为一种需要，而且被视为一种权利。工人和大大小小的中产者，包括来自北非和前帝国的移民，都越来越向往之。Nicole C. Rudolph, *At Home in Postwar France: Modern Mass Housing and the Right to Comfort* (New York: Berghahn Books, 2015); Amelia H. Lyons, *The Civilizing Mission in the Metropole: Algerian Families and the French Welfare State during Decolonization* (Stanford, CA: Stanford University Press, 2013); Minayo Nasiali, *Native to the Republic: Empire, Social Citizenship, and Everyday Life in Marseille since 1945* (Ithaca, NY: Cornell University Press, 2016).

76 "Ce monde rural qui nous entourne," *Fermettes et résidences secondaires*, no. 1 (March 1966): 21.

77 丽贝卡·普柳发现，在战后法国"体验'现代化'的场所"中，家庭具有中心地位。Rebecca Pulju, *Women and Mass Consumer Society in Postwar France*, 3.

78 Titles included *Maisons paysannes de France, Maisons de France, Maisons à la campagne, Journal de la maison, Maison d'aujourd'hui, Fermettes et résidences secondaires, Maisons, fermettes & chalets, Demeures normandes anciennes et modernes*.

79 Roger Fischer, "Vieux bois, vieilles pierres et matériaux modernes," *Maisons de France*, April 1968, 10.

80 Lacastaigneratte, "Comment tirer parti de vieux meubles des fermes," 10.

81 Émile Aubert, Gîtes de France, "Note sur le Tourisme," January 26, 1951. Fédération nationale des Gîtes de France (Paris); Émile Aubert, Sénateur des Basses-Alpes, Les Gîtes de France, "Une solution économique au problème des vacances," n.d., Fédération

nationale des Gîtes de France (Paris).

82   Jean Sourbet, Ministère de l'Agriculture, Direction générale du génie rural, Objet: Habitat rural, Aménagement de gîtes ruraux (August 3, 1955), dossier Aide aux gîtes ruraux, 1955–1960, 19930567, box 7, Archives nationales France.

83   "40e Anniversaire des Gîtes de France: Quarante ans d'ambition pour le monde rural," special issue, *Gîtes de France, 1954– 1994* (September 1994): 3–7.

84   社会旅游与商业大众旅游的深入比较，参见 Ellen Furlough, "Making Mass Vacations: Tourism and Consumer Culture in France, 1930s to 1970s," *Comparative Studies in Society and History* 40, no. 2 (1998): 265–286。

85   See Laura Lee Downs, *Childhood in the Promised Land: Working-Class Movements and the Colonies de Vacances in France, 1880– 1960* (Chapel Hill: Duke University Press, 2002). 20 世纪 40 年代末到 70 年代初，旅游和度假在法国真正成为一种"大众"现象。1936 年，"人民阵线"政府首次立法规定，所有领薪雇员或工薪阶层均可享受带薪休假，但直到法国经历了"辉煌三十年"的经济繁荣，带薪休假才被视为社会契约的一部分。Furlough, "Making Mass Vacations," 250, 252

86   Michel Schifres, "Les résidents secondaires, ces inconnus dans la commune. I. Des voisins qui ne se rencontrent pas," *Le Monde*, June 23–24, 1974. 为全部时间都住在农村的居民（农场主、店主、村民和工匠）开发次要住所有利也有弊，细致的讨论参见 Cribier, "Les résidences secondaires des citadins dans les campagnes françaises," 196–203。

87   Claire Moulias, "Avec les résidences secondaires nous allons vers une monde nouvelle: Une interview avec M. Pisani," *Fermettes et résidences secondaires*, no. 16 (July–August 1967): 57–58;

Edgar Morin, "Le modernisme par l'archaïsme," *Paysans*, no. 70 (Februray-March 1968): 49–55.

88   Paul Labutte, "Paysans, écoutez," *Maisons paysannes de France*, no. 4 (1966): 4.

89   Fischer, "Vieux bois, vieilles pierres et matériaux modernes," 12.

90   Françoise Dubost, "L'usage social du passé: Les maisons anciennes dans un village beaujolais," *Ethnologie française* 12, no. 1 (1982): 49–52.

91   Edgar Morin, *Plodémet: Report from a French Village*, trans. A. M. Sheridan-Smith (London: Allen Lane the Penguin Press, 1971), 214.

92   Pulju, *Women and Mass Consumer Society in Postwar France*, 121–130. Joffre Dumazadier, *Télévision et éducation populaire: Les télé-clubs en France* (Paris: UNESCO, 1955), 156–174.

93   Morin, *Plodémet*, 147–150.

94   Morin, *Plodémet*, 215.

95   Michael Bess, *The Light Green Society: Ecology and Technological Modernity in France, 1960–2000* (Chicago: University of Chicago, 2003), 78–81.

96   1972 年 11 月，法国举行了一次全国性的会议，从社会、生态、经济和国际等方面探讨乡村旅游。在这次会议上，TER 提出了自己的目标，其中包括"让每个人日益意识到大自然的生物、心理和精神价值，体会到人类是如何内在于大自然"。"Manifeste du Tourisme en espace rural," Commissariat au tourisme, 19940724, Box 1, Archives nationales France. See also Pierre Brosson and Raymond Pagès, "L'esprit du tourisme vert: Faire vivre la campagne par solidarité entre les ruraux, les collectivités, les associations de tourisme et de loisir," *Paysans* no. 158 (February-March 1983): 45–51.

97   Suzanne Thibal, former general secretary of the Fédération nationale des Gîtes de France, telephone interview with author, July 2012.

98   Jacques Faine, "Une nouvelle étape," *Maisons et paysages: Fermettes et résidences secondaires: Revue de l'environnement rural*, no. 1 (May-June 1971): 1.

99   Alain de Swarte, "La baie de Chigoudy doit être sauvegardée," *Maisons et paysages: Fermettes et résidences secondaires: Revue de l'environnment rural*, no. 5 (April 1972): 10–11; Jean Planchas, "Aménagement ou destruction de la vallée de Cervières," *Maisons et paysages: Fermettes et résidences secondaires*, no. 5 (April 1972): 12–14; Claude Aubert, "L'agriculture industrielle peut-elle produire des aliments sains et sauve- garder la beauté de nos paysages?," *Maisons et paysages: Fermettes et résidences secondaires: Revue de l'environnement rural*, no. 5 (April 1972): 7–9.

100 Cited in Donald Reid, "Larzac in the Broad 1968 and After," *French Politics, Culture & Society* 32, no. 2 (2014): 100. 这篇文章将拉尔扎克抵抗运动置于更长的冲突轨迹之中，而 1968 年是其中的分水岭，克里斯蒂昂·鲁奥杰出的纪录片也是这么处理的。Christian Rouaud, *Tous au Larzac* (Paris: Elzévir Films, 2011), DVD. 扩建拉尔扎克军营的决定有着后殖民的背景，相关讨论参见 Michel Le Bris, *Les fous du Larzac* (Paris: Les Presses d'aujourd'hui, 1975), 59– 66; Herman Lebovics, *Bringing the Empire Back Home: France in the Global Age* (Durham: Duke University Press, 2004), 25–29。

101 关于在发起拉尔扎克抵抗运动的过程中，现代化"先驱"与老前辈之间的关系，参见 Le Bris, *Les fous du Larzac,* 94–126。

102 Pierre Barral, "Note historique sur l'emploi du terme 'paysan',"

Études rurales, no. 21 (April-June 1966): 71–75.

103 Reid, "Larzac in the Broad 1968," 103–104.

104 1959 年，德尔瓦斯托领导的社区 Compagnons de l'Arche 的成员抗议拉尔扎克军营未经指控便拘留涉嫌参加民族解放阵线（FLN）的阿尔及利亚人，反军国主义因此在拉尔扎克高原站稳了脚跟。到 1972 年，许多年轻的拉尔扎克农民都曾在阿尔及利亚的法国陆军中服过役，这使得一些人更加怀疑和批评法国陆军在自己的故土的图谋。Reid, "Larzac in the Broad 1968," 107–108. 关于反基地斗争在法国新兴的环保运动中的作用，参见 Chris Pearson, "Opposing militarized environments," in *Mobilizing Nature: The Environmental History of War and Militarization of Modern France* (Manchester: Manchester University Press, 2012), 236–272。

105 1972—1975 年间激进分子活动的详细年表，参见 Le Bris, *Les fous du Larzac,* 365–389。拉尔扎克的抵抗借鉴了战后法国农民的暴动史，如 1961 年 6 月布列塔尼的农场主罢工。见 Jean-Philippe Martin, *Histoire de la nouvelle gauche paysanne: Des contestations des années 1960 à la Confédération paysanne* (Paris: La Découverte, 2005): 15–43。

106 Lebovics, *Bringing the Empire Back Home*, 38–41.

107 奥克西塔尼的激进主义和身份认同对运动的形塑起着重要作用，具体论述参见 Pierre- Marie Terral, "'Gardarem lo Larzac': De la dimension occitane de la lutte paysanne à son cheminement mémoriel," *Lengas* no. 69 (2011), http:// journals.openedition. org/ lengas/ 383。2016 年，经过领土重组，奥克西塔尼成为一个新行政单元的名字，该行政单元由朗格多克-鲁西永和南部-比利牛斯这两个前行政单元合并而成。

108 "Membres de M.P.F. laissez-vous cette maison livrée aux obus?," *Maisons paysannes de France*, no. 25 (1972/1): 7; "M. Michel

Debré, membre bienfaiteur, radié du M.P.F.," *Maisons paysannes de France*, no. 25 (1972/1): 7.

109 "Éditorial: Faire face," *Maisons paysannes de France*, no. 27 (1972/3): 3.

110 Roger Fischer, "M.P.F. et le Larzac: La manifestation du 14 juillet à Rodez," *Maisons paysannes de France*, no. 27 (1972/3): 4.

111 Alain de Swarte, "Editorial: Un combat global pour l'homme et son environnement," *Maisons et paysages, nature et et environnement*, no. 8 (February-March 1973): 1.

112 "Editorial: René Dumont candidat du Mouvement écologique," *Maisons paysannes de France*, no. 33 (1974/1): 5.

113 Marie-Laure de Léotard, "L'épargne vacances," *L'Express*, May 24, 1985.

114 Geneviève Schweitzer, "Résidences de loisirs: La fin d'un rêve," *Le Figaro*, August 18, 1983.

115 de Léotard, "Fermettes: Toujours plus cher, toujours plus loin."

116 Pierre Toussaint, "Résidence secondaire: La fin d'un rêve?," *La Maison de Marie-Claire*, May 1982.

117 Pierre Toussaint, "200 Maisons à moins de 200 000F," *La Maison de Marie-Claire*, May 1984; Toussaint, "Résidence secondaire: La fin d'un rêve?."

118 Jean-Pierre Adine, "Maison de campagne: Le retour en grâce," *Le Point*, April 23,1990, 114-116. Philippe Bénet, "C'est parti: Ils achètent la France maison par maison," *Figaro Magazine*, November 10,1989, 149; Yves Hervaux, "Immobilier français: La razzia anglaise," *Le Quotidien de Paris*, May 23, 1989.

119 Patrick Prado, "Le 'rêve de village' anglais" in *Campagnes de nos désirs: Patrimoines et nouveaux usages sociaux*, eds. Michael Rautenberg, André Micoud, Laurence Bérard and Philippe

Marchenay (Paris: Éditions de la Maison des sciences de l'homme, 2000), 153–170; Jacques Barou and Patrick Prado, *Les anglais dans nos campagnes* (Paris: L'Harmattan, 1995); Henry Buller and Keith Hoggert, *International Counterurbanization: British Migrants in Rural France* (Aldershot: Avebury, 1994).

第三章 回归土地：20 世纪 70 年代法国的农村乌托邦

1　社会学家达尼埃尔·莱热和贝特朗·埃尔维厄是 20 世纪 70 年代法国"回归土地"运动的奠基性研究著作的作者，在他们看来，这一现象构成了乌托邦运动的定义："呼唤往往被美化为黄金时代的过去，以对抗不受欢迎的现在，以期［建设］一个截然不同的未来。" Bertrand Hervieu and Danièle Leger, *Le retour à la nature: "Au fond de la forêt . . . l'État"* (Paris: Éditions du Seuil, 1979), 32.

2　埃尔维厄和莱热确立了这一时期划分，并创造出"乌托邦移民"（immigrants to utopia）这一说法。卡特琳·鲁维埃在他们工作的基础上，进行了极大的扩展。相关综述参见 Catherine Rouvière, "Migrations utopiques et révolutions silencieuses néorurales depuis les années 1960," *Cahiers d'histoire* 133 (2016): 127–146. 本章尤其受惠于鲁维埃对阿尔代什省回归土地运动的权威研究。Catherine Rouvière, "Regards croisés autour d'une utopie: Le 'retour à la terre' en Ardèche, des années 1960 aux années 1990" (Thèse de doctorat d'histoire, Université Paris I, Panthéon-Sorbonne, 2011). 她的专著为法国回归土地运动的研究树立了标杆。Catherine Rouvière, *Retourner à la terre: L'utopie néo-rurale en Ardèche depuis les années 1960* (Rennes: Presses universitaires de Rennes, 2015).

3   Jacques Lévy-Stringer, *Les marginaux: Une nouvelle force politique en France* (Paris: Fayolle, 1977).

4   见 Philippe Artières and Michelle Zancarini-Fournel, eds., *68: Une histoire collective, 1962–1981* (Paris: La Découverte, 2008); Donald Reid, "Larzac in the Broad 1968 and After," *French Politics, Culture & Society* 32, no. 2 (2014): 99–102。

5   Violaine Noël, interview in *Avec nos sabots*, directed by Yves Billou (Paris: Zaradoc Films, 1980).

6   Robert Fabre, interview by Rouvière, "Regards croisés autour d'une utopie," 189.

7   Robert Fabre, interview in *Avec nos sabots*.

8   "Communautés," *Actuel*, May 1972, 36; "P. 67: village abandonné," *C: Échanges, expression, informations, liasons des communautés de vie francophones* 60 (1972): 13. 通讯《C》由教师米歇尔·法利冈（Michel Faligand）创办于 1970 年 10 月，旨在方便讲法语的公社之间的交流。该通讯一般有 8 至 10 页，单倍行距，刊登公社成员的信件和报告，供他们介绍项目、讲述经验，并寻找新的追随者。通讯还为读者提供实用的法律建议。"A Noter," *C: Échanges, expression, informations, liaisons des communautés de vie francophones* 44 (1971).

9   Roger-Pol Droit and Antoine Gallien, *La chasse au bonheur: Les nouvelles communautés en France* (Paris: Calmann-Lévy, 1972), 10. 这些数字与《C》的发行量相一致，1972 年该通讯印了 550 本，有 460 名订户。Circulation figures from Rouvière, "Regards croisés autour d'une utopie," 1091.

10 "La page des communautés," *Actuel*, Juin 1971, 59.

11 Groupe d'officiers de la circonscription de Midi-Pyrénées, "Les Marginaux en Midi-Pyrénées," *Revue d'études et d'informations-Gendarmerie nationale* 117, 3eme trimestre (1978): 14. 南部-比

利牛斯大区由八个省组成，首府为图卢兹。

12 Michel Besson and Bernard Vidal, *Journal d'une communauté* (Paris: Stock, 1976), 10–12.

13 Daniel Mermet, *Nos années Pierrot: C'était les années d'après 68* (Paris: La Découverte; France Inter, 2001), 21, 24." Rouvière, *Retourner à la terre*, 133, footnote 1; Jean- Pierre Le Goff, *Mai 68: L'héritage impossible* (Paris: La Découverte, 1998), 149–151.

14 Jean-Claude Guillebaud, "Ceux du grand refus," *Autrement* 1 (1975): 47.

15 Bearded sheep farmer in *Avec nos sabots*.

16 Rouvière, "Regards croisés autour d'une utopie," 969.

17 Marc Saracino, "Bases provisoire de la communauté," *C: Échanges, expression, informations, liasons des communautés de vie francophones* 44 (1971): 4.

18 Groupe d'officiers de la circonscription de Midi-Pyrénées, "Les marginaux en Midi-Pyrénées," 13.

19 Rouvière, *Retourner à la terre*, 43.

20 Bernard Lacroix, *L'utopie communautaire: Histoire sociale d'une révolte* (Paris: Presses universitaires de France, 1981), 13.

21 Rouvière, *Retourner à la terre*, 95–97.

22 Pierre Alphandéry, discussion with the author, Paris, January 2013.

23 Rouvière, *Retourner à la terre*, 92. 作者与龙谷脉成员 Limans 的谈话，2014 年 7 月。

24 主要地点的详细位置，参见 Rouvière, *Retourner à la terre*, 47–54。

25 例如，"去那些不那么时兴、气候恶劣、远离大城市的地区看看，像洛泽尔、上卢瓦尔之类的"。Alain and Solange, "Manuel de savoir-vivre à l'usage des communautés," *Actuel*, March 1973.

《当前》和《C》还合作起草了一份对共享信息和共同组织感兴趣的公社成员名单。"La page des communautés," *Actuel*, June 1971, 59.

26 Besson and Vidal, *Journal d'une communauté*, 81–92, 202–203. 鲁维埃探讨了公社之间的交际，并绘制了阿尔代什省各个团体的访问图。

27 "Cté Nouvelle: 6 mois du progrès," *C: Échanges, expression, informations, liasons des communautés de vie francophones* 40 (1971): 2–4.

28 Venus Bivar, *Organic Resistance: The Struggle over Industrial Farming in Postwar France* (Chapel Hill: University of North Carolina Press, 2018), 92–97; Rouvière, "Regards croisés autour d'une utopie," 947. 根据鲁维埃的说法，阿尔卑斯−塞文大区的 SAFER 只控制了 14% 的农业用地。

29 该公社写信给《C》，寻求支持。全国性的反主流文化杂志《查理周刊》也报道了他们遇到的麻烦。他们购买农场的努力，为该地区各公社之间的合作，提供了一个具体的范例。弗雷西努斯计划由四个不同公社的成员共同购买农场，分别是：维尔纳夫·迪博斯克、拉布拉谢雷特、拉布尔代特、弗雷西努斯。Besson and Vidal, *Journal d'une communauté*, 139–160; "Camarades!," *C: Échanges, expression, informations, liasons des communautés de vie francophones* 48 (1972): 8.

30 Jules Nadaud, ""Néo- paysans" : Trois petits retours et puis," *Autrement* 21: 118.

31 "Les SAFER, à quoi ça sert?," *C: Échanges, expression, informations, liasons du mouvement néocommunautaire francophones* 48 (1972): 8–10.

32 歌手让·费拉在他的热门民谣《群山》（1964）的第二节中，对这种劳动予以致敬。

33   Marc Saracino, "Témoinages," http://itineraires-militants-68.
      fr/ index.php/2016/12/18/saracino-marc-ni-travail-ni-famille-ni-
      patrie/.

34   Richard Ivan Jobs, "Youth Movements: Travel, Protest, and
      Europe in 1968," *American Historical Review* 114, no. 2 (2009).
      关于青年流动和欧洲一体化，更广泛的讨论参见 Richard Ivan
      Jobs, *Backpack Ambassadors: How Youth Travel Integrated
      Europe* (Chicago: The University of Chicago Press, 2017)。

35   Michael Genner, interview by author, Vienna, December 5, 2014.
      根纳是"斯巴达克斯"的最初成员之一，这个由十来个年轻人
      组成的团体跟雷米一道生活在维也纳市中心。他详细而坦率地
      介绍了雷米领导斯巴达克斯的历史以及龙谷脉的早期历史，参
      见 Michael Genner, *Verleitung zum Aufstand: Ein Versuch über
      Widerstand und Antirassismus* (Vienna: Mandelbaum, 2012)。

36   1972 年，"九头蛇"在瑞士的沙夫豪森约有 50 名成员，在巴
      塞尔约有 30 名。Hannes Reiser, interview by author, Basel,
      December 5, 2012.

37   "Auszüge aus dem Protokoll des Internationalen Antirezession-
      skongresses von 1/2 Juli in Delémont über Bedrohte Regionen"
      (Basel: Hydra, 1972). 该团体在法语通讯《C》中宣传了这次会议：
      "呼吁建立欧洲青年营。" *C: Échanges, expression, informations,
      liasons du mouvement néocommunautaire francophones* 73 (1972):
      1–2.

38   Jean-Pierre Pellegrin, interview by author, Saint-Étienne-les-
      Orgues, July 30, 2013. 从 1935 年到 1939 年，焦诺每年都会与
      一群志同道合的文学知识分子在吕尔山脚下的小村庄孔塔杜尔
      聚会两次。

39   Jakob Mytteis, interview by author Vienna, December 6, 2014;
      Guido Gorret, interview by author, La Brillane, August 3, 2013.

米泰斯是维也纳团体中第一个见到雷米的人，并成为后者的首席发言人，因为他能说一口流利的法语，而佩罗不会说德语。

40   Virginie Linhart, *Le jour où mon père s'est tu* (Paris: Éditions du Seuil, 2008), 37–43.

41   Michael Genner, interview by author, Vienna, December 5, 2014. 在接下的几年里，龙谷脉又在山区农村建立了更多的合作社，如 1976 年在布里昂松附近建立了一家毛纱厂，在汝拉建立了一家木材加工厂，1977 年在奥地利建立了一家农场。

42   Antoine de Ruffray, interview by author, Limans, July 31, 2013. 直到 2000 年，龙谷脉才将发展替代性农业视为其使命的核心。 Hannes Reiser, interview by author, Basel, December 5, 2012.

43   Jakob Mytteis, interview by author Vienna, December 6, 2014.

44   Saracino, "Témoinages."

45   Karine- Larissa Basset, "RICHARD Pierre (1918– 1968)," (2010), http:// ahpne. fr/ spip.php?article79; Karine-Larissa Basset, *Aux origines du Parc national des Cévennes: Des précurseurs à la création le 2 septembre 1970* (Florac: Parc national des Cévennes, Association Clair de Terre, GARAE, 2010), 54–64. 里夏尔的建议效仿了修道院院长皮埃尔·马特尔的想法，后者在 1953 年创建了一个私人协会，试图通过普及教育和社会基督教来造福普罗旺斯的高山地区。

46   Pierre Rabhi, *Du Sahara aux Cévennes, ou la reconquête du songe* (La Valledieu: Éditions de Candide, 1983), 965.

47   Rouvière, "Le choc des cultures," chp. 5 in *Retourner à la terre*, 177–202.

48   Besson and Vidal, *Journal d'une communauté,* 129–130, 149, 161.

49   1979 年，龙谷脉成为瑞士的负面新闻宣传的对象。"'Zum verlorenen Hammer'," *Der Spiegel*, October 22, 1973; Gilbert-

François Caty, *Les héritiers contestés* (Paris: Anthropos, 1983).

50   关于孔蒂定居的村子里，新农村人和老辈人之间矛盾的讨论，
      参见 Marie Christine Husson, "Les mésaventures d'une communauté
      agricole en Ardèche," *Libération*, March 23, 1977。

51   Alain Dugrand, "Sourde inquiètude dans les communautés
      ardèchois," *Libération*, September 8, 1977; "Un appel de la
      cooperative de Longo Mai aux communautés agricoles,"
      Liberation, September 21, 1977; Yvonn Le Vaillant, "La chasse au
      'youpies': Les marginaux de l'Ardèche en ont assez d'être considerés
      comme des tueurs en puissance," *Nouvel Observateur*, October 17, 1977.
      详情参见 Rouvière, *Retourner à la terre*, 224–230; "L'Ardèche, le
      temps des communautés (2/2): Pierre Conty, le choix des armes,"
      Une histoire particulière, un récit documentaire, France Culture,
      Paris, April 15, 2018。

52   Mermet, *Nos années Pierrot*, 23–25.

53   这样的友谊成为大众文化的主题，在一部故事片中，一位来自
      巴黎的年轻女性决定成为现代海蒂，在韦科尔高原上饲养山羊。
      Une hirondelle a fait le printemps, directed by Christian Carion
      (2001; Paris, Mars Distribution, 2004), DVD.

54   Besson and Vidal, *Journal d'une communauté*, 188.

55   Alain and Solange, "Manuel de savoir- vivre à l'usage des
      communautés."

56   Saracino, "Témoinages." "从 1971 年开始，每年都会有一批人
      在 9 月出发，去采收酿制干邑所需的葡萄，先是在佩皮尼昂，
      继而在里沃阿尔特，之后在米内瓦［朗格多克—鲁西永］的艾格
      维夫，最后是 11 月在夏朗德。"

57   Rouvière, "Regards croisés au tour d'une utopie, 264.

58   Michelle Manoît interviewed in *La fabrique de l'histoire*, "Le
      temps des communautés," aired November 29, 1999, on France

Culture, Paris.

59   经济来源包括个人储蓄、父母的支持、学生奖学金和失业救济金。
      Besson and Vidal, *Journal d'une communauté*, 179.

60   "Réflexions: Les moyens de l'utopie," *C: Échanges, expression,
      informations, liasons des communautés de vie francophones* 60
      (1972): 3.

61   Besson and Vidal, *Journal d'une communauté*, 83, 233; Jules,
      "Les communautés ont la vie dur," *Actuel* 17 (1972): 4–9.

62   Hervieu and Leger, *Le retour à la nature*, 52. 南部－比利牛斯的宪
      兵也报告了同样的情况。Groupe d'officiers de la circonscription
      de Midi-Pyrénées, 14. 然而，也有一些值得注意的例外，比如延
      续至今的龙谷脉。

63   Marc Saracino, "Communautés: Sous la neige les grizzlies,"
      Actuel 31 (1973): 21.

64   Saracino, "Témoinages."

65   Hervieu and Leger, *Le retour à la nature*, 69–100.

66   Red- headed young man interviewed in *Avec nos sabots*.

67   Rouvière, "Regards croisés autour d'une utopie," 25.

68   Jacques Massacrier, *Savoir revivre* (Paris: Éditions Albin Michel,
      1973); Jacques Durand, Régis Pluchet, Roger Ripert, Laurent
      Samuel, *Manuel de la vie pauvre* (Paris: Éditions Stock, 1974). 英
      国人约翰·西摩（John Seymour）的 *The Complete Book of Self-
      Sufficiency* (London: Faber and Faber, 1976)，在精神和形式上与
      这两本书相似，法语译本名为 *Revivre à la campagne*。舒马赫为
      西摩撰写了序言，他是《小即是美》（1973）的作者，该书至今
      是"零增长经济学"（即我们今天所说的"可持续发展"）方面
      的经典论著。E. F. Schumacher, *Small is Beautiful: Economics as
      if People Mattered* (New York: Harper & Row, 1973), 56.

69   Hervieu and Leger, *Le retour à la nature*, 80.

70　"L'installation d'urbains en milieu rural et ses effets: Recherche exploratoire" (Centre de recherches et d'études sociologiques appliquées de la Loire (CRESAL)-ERA CNRS, no. 576, 1978), 11. 这项评估基于对 19 个农场进行的研究。这些农场位于阿尔卑斯山南部的德龙省和阿尔代什省，最短的已经经营了一年，最长的已经存在了五年。

71　Rouvière, *Retourner à la terre*, 92–93.

72　"L'Installation d'urbains en mileu rural," 13. Claude Michelet, *J'ai choisit la terre* (Paris: Éditions Robert Laffont, 1975).

73　Antoine de Ruffray, interview by author, Limans, August 2, 2013; "Les 40 ans de Longo maï," *Terre à Terre*, France Culture, Paris, December 7, 2013.

74　Nadaud, "Néo-paysans," 118.

75　Roger Béteille, *La France du vide* (Paris: Librairies techniques, 1981), 204–205; 170–188.

76　Christine Callet, "La brebis ne peut plus suivre," *Le Point*, December 25, 1973.

77　Rouvière, "Regards croisés autour d'une utopie," 305.

78　鲁维埃引用了格勒诺布尔农村水利与森林工程技术中心 1978—1979 年的一份研究报告，该报告称，洛泽尔地区售价低于 30 万法郎（约合现在的 1610 欧元）的农场非常抢手，根本找不到，而售价 100 万法郎（约合现在的 5397 欧元）的又大又老的农场，没有买家愿意出手。Rouvière, "Regards croisés autour d'une utopie," 310.

79　Rouvière, "Regards croisés autour d'une utopie," 306.

80　法国"绵羊与山羊养殖技术研究所"（ITOVIC）的一份研究报告指出，该机构每年能收到三四千份关于建畜牧场的求助申请，但实际上的空间和资源至多只够建 300 座畜牧场。Françoise Luquet, "Un dossier de l'I.T.O.V.I.C.," *POUR*, no. 57 (1977): 56.

81 Hervieu and Leger, *Le retour à la nature*, 79.

82 "SAFER 的政策很清晰：农村发展和土地整合必须首要地惠及那些长期务农的人。" René Bletterie and Alain Flageul, "Les écopolites arrivent!," *POUR,* no. 57 (1977): 71. 在同一地区，低洼的农村土地一直很抢手，已经卖给了当地的农民和 1962 年战争结束时从阿尔及利亚遣返回来的农场主。新来者在更贫穷、更多山的地区有着更好的机会，因为那里的土地整合需要更长的时间。

83 Rouvière, "Regards croisés autour d'une utopie," 307.

84 Young red- headed man interviewed in *Avec nos sabots.*

85 "L'installation d'urbains en mileu rural," 16.

86 Alain Roux, interview by author, July 30, 2013, Saint-Etienne les-Orgues. 早在 20 世纪 60 年代，安托万·布朗什曼就已经在塞文山脉推广山羊饲养和山羊奶酪的生产，其目的是给饱受贫困和人口减少之苦的当地居民提供新的生计来源。1950—1952 年，布朗什曼曾"回归土地"，之后才获得巡回农业学校的教师资格证书，并且后来成了农学家。Antoine Blanchemain, interview by the author, Montpellier, November 12, 2012.

87 "L'installation d'urbains en mileu rural," 21–22.

88 Elisabeth Meynet, interview by author, July 30, 2013, Ségonce, Alpes-de-Haute Provence.

89 Rouviere, "Regards croisés autour d'une utopie," 263; Hervieu and Leger, *Le retour à la nature*, 74.

90 "L'installation d'urbains en mileu rural," 21.

91 "L'installation d'urbains en mileu rural," 22.

92 Linhart, *Le jour où mon père s'est tu*, 117–121.

93 Alban Pau, "Pour qui? . . . pour quoi? Et comment? Être berger, être chevrier?," *POUR,* no. 57 (1977): 59.

94 Pau, "Pour qui?," 62. 这些机构是省农业利用服务局（SUAD）、

农业职业培训中心 (CFPA) 和 "绵羊与山羊养殖技术研究所"
（ITOVIC）。Hervieu and Léger, 161.

95 "Dossier: S'installer," *Entreprises agricoles* 113 (May1979): 14.

96 《农业企业》(*Entreprises agricoles*) 的统计数据表明，面向青
年农场主的项目主要是鼓励来自农家的青年男子继续务农。"青
年农民补助金"（DAC）的典型受益人是男性（97.1%），已婚
（52.2%），二十四五岁。他们大多没有文凭，有五年或以上的务
农经验。许多人都是耕种自家的土地，通常和父亲一起。"Portrait
du jeune qui s'installe," *Entreprises agricoles* 113 (May 1979):
17. 另一方面，同一期杂志上的一篇长文详细介绍了一对初涉农
业的年轻夫妇，在接受了一些正式的培训后，他们在利穆赞的
一个农场站稳了脚跟。Marie-Hombeline Vincent, "En Creuse:
Installés avec un million de centimes," *Entreprises agricoles* 113
(May 1979): 55–57.

97 国家羊圈（Bergerie nationale）由路易十六在 1783 年创建，作
为示范农场，旨在促进农业和养羊业的改良创新。See http://
www.bergerie- nationale.educagri.fr/ bergerie- nationale/ histoire/.

98 Jean- Claude Buguin, "L'heure des bergers," *Le Point*, May 26,
1975, 105.

99 Rouvière, "Regards croisés autour d'une utopie," 326.

100 *Avec nos sabots*. 我是在阅读鲁维埃的著作时，得知罗贝尔·法
布雷是阿尔代什省拉布拉谢雷特公社的创始人。

101 龙谷脉的成员指出，利曼的小学是他们重新开办的。Ulrike
Furet, interview by author, Limans, August 2013.

102 *Avec nos sabots*. 新来者和老一辈之间关系的详细讨论，参见
Christian Colombani, "La fuite en Ardèche: Les citadins en mal
de vivre dans un de leurs département-refuge de prédilection," *Le
Monde*, January 24, 1979。

103 "L'installation d'urbains en mileu rural," 23.

104 Young sheep farmer interviewed in *Avec nos sabots*.

105 "Ils sont d'ailleurs de plus en plus nombreux qui n'iront plus travailler à Lyon où a Marseille, à la SNCF ou aux PTT," *Libération*, July 11, 1977.

106 Young sheep farmer interviewed in *Avec nos sabots*.

107 Guillebaud, "Ceux du grand refus," 56. 达尼埃尔·梅尔梅回忆道，在阿尔代什省那些半空的小村庄中，农民与世隔绝，自我封闭。Mermet, *Nos années Pierrot*, 22.

108 Guillebaud, "Ceux du grand refus," 56–57.

109 新近研究参见 Droit and Gallien, *La chasse au bonheur*. Memoirs include Claudie Hunzinger and Françis Hunzinger, *Bambois: La vie verte* (Paris: Éditions Stock, 1973); Lévy-Stringer, *Le temps des chèvres*; Besson and Vidal, *Journal d'une communauté*。

110 Catherine Pierre, "Le grand rêve vert," *Le Point*, April 26, 1976.

111 Guillebaud, "Ceux du grand refus," 48.

112 Catherine Ardouin, "Changer de vie: Être ou ne pas être berger?," *La Maison de Marie-Claire*, January 1974, 54–55.

113 "MMC," *La Maison de Marie-Claire*, July 1975, 21.

114 Raphaele Billetdoux, "Tout quitter: Beaucoup en rêvent eux l'ont fait; Leur histoire ouvre le dossier: Viton plus heureux loin des villes?," *La Maison de Marie Claire*, July 1975, 22–27.

115 Anne-Marie Comte and Jean-Pierre Godeaut, "Un jour ils ont decidé de ne pas rentrer: Vit-on plus heureux loin des villes?," *La Maison de Marie-Claire*, July 1975, 28–37.

116 Annie Lacourrège, "Croyez-moi, je l'ai fait, avec le temps je n'en peux plus: Vit-on plus heureux loin des villes?," *La Maison de Marie-Claire*, July 1975, 38–39.

117 (Reportage) Marion Bayle and (Photos) Denis Reichle, "Rapportez dans vos bagages un peu d'arrière- pays," *La Maison*

de Marie-Claire, July 1975, 56.

118 Guillebaud, "Ceux du grand refus," 48.

第四章 进步与怀旧：农民生活回忆录

1   *Apostrophes*, episode 132, "Femmes, Femmes, Femmes," produced and presented by Bernard Pivot, aired February 10, 1978, on France 2. 图书销售数据证实,《撇号》节目在 1975—1989 年的播出期间,对出版界产生了巨大的影响。"得到《撇号》的好评,可以让一位本来还默默无闻的作家一夜之间便成为明星,或者让一本书成为畅销书。" Edouard Brassey, *L'effet Pivot* (Paris: Éditions Ramay 1987), 17.

2   "Natural Histories: The Rise and Fall of French Rural Studies," *French Historical Studies* 19, no. 2 (Autumn 1995): 381–382. 关于农民在当时"讲英语的西方学术文化核心"中的地位,参见 Teodor Shanin, introduction to *Peasant and Peasant Societies*, ed. Teodor Shanin (Oxford: Basil Blackwell, 1987), 1–11。

3   Pierre Goubert, *Beauvais et le Beauvaisis de 1600 à 1730* (Paris: Impr. nationale, 1960) and Emmanuel Le Roy Ladurie, *Les paysans de Languedoc* (Paris: Impr. nationale, 1966).

4   这个雄心勃勃的项目,通过体质人类学、人口遗传学、民族志、民俗学、地理学、经济学、历史学、社会学和社会心理学的分析框架,对普洛泽韦的生活进行了调查。See Edgar Morin, *Plodémet: Report from a French Village*, trans. A. M. Sheridan-Smith (London: Penguin, 1971); Bernard Paillard, introduction to Edgar Morin, *Journal de Plozévet, Bretagne, 1965* (Paris: Éditions de l'Aube, 2001); André Burguière, *Bretons de Plozévet* (Paris: Flammarion, 1975). 凭借对米诺村的研究,一批女学者在 20 世

纪 70 年代出版了一系列专著 : Françoise Zonabend, *La mémoire longue: Temps et histoire au village* (Paris: Presses universitaire de France, 1980), Yvonne Verdier, *Façon de dire, façon de faire: La laveuse, la couturière, la cuisinière* (Paris: Éditions Gallimard, 1979), Marie-Claude Pingaud, *Paysans en Bourgogne: Les gens de Minot* (Paris: Flammarion, 1978)。

5   Martine Segalen, *Vie d'un musée, 1937–2005* (Paris: Stock, 2005). 塞加朗将 1972—1980 年称为 MNATP 的 "沙拉时代"（意为鼎盛期）。

6   在殖民地体验到的乡愁、殖民时期对故土的乡愁，跟后殖民时期对帝国的乡愁是截然相反的，有说服力的讨论参见 Thomas Dodman, "Nostalgia in the Tropics," in *What Nostalgia Was: War, Empire, and the Time of a Deadly Emotion* (Chicago: University of Chicago Press, 2018), 149–171。

7   Morin, *Plodémet*, ix, xi.

8   塞加朗提到马塞尔·马热（Marcel Maget）在 20 世纪 40 年代中期发明了 "都市民族志"（ethnology métropolitaine）一词。Martine Segalen, *Vie d'un musée,* 79. Nina Gorgus, *Le Magicien des vitrines: Le muséologue Georges Henri Rivière* (Paris: Éditions de la Maison des sciences de l'homme, 2003); Daniel J. Sherman, "Peoples Ethnographic: The Colonial Inheritance of French Ethnography," in *French Primitivism and the Ends of Empire, 1945–1975* (Chicago: University of Chicago Press, 2011), 21–55; Alice L. Conklin, *In the Museum of Man: Race, Anthropology, and Empire in France*, 1850–1950 (Ithaca, NY: Cornell University Press, 2013). 20 世纪初，人类学家发明了民族志（字面意思是 "关于人的写作"），作为一种工具来研究民间故事、谚语等传统文化的表现形式如何在其所在的社区发挥象征性的作用。Mary Hufford, "Ethnography," in *Greenwood*

Encyclopedia of World Folklore and Folklife, ed. William M. Clements (Westport, CT: Greenwood Press, 2006), 27–30.

9　Pascal Dibie, *Le village retrouvée: Essai d'ethnologie de l'intérieur* (Paris: Éditions de l'Aube, 1995), 13– 14.

10　"Les humbles ont aujourd'hui la parole," *Bulletin du Livre*, September 25, 1978. 当然，这里的"农民"是泛指农村人口。

11　"Toinou et la tribu des 'sabots'," *Le Monde*, June 12, 1980.

12　代表性个案包括：Émilie Carles, *Une soupe aux herbes sauvages* (Paris: Jean-Claude Simoën, 1977); Léonce Chaleil, *La mémoire du village* (Paris: Stock, 1977); André Bouix, *Gardian de Camargue* (Paris: Stock, 1980); J. L. Fossat and M. Valière, eds., *Histoire de la vie rurale en Poitou: Récit d'un étalonnier* (Toulouse: Université de Toulouse-Le Mirail, 1977); Adelaine Geaudrolet, *Amours paysannes* (Paris: Stock, 1980); Serge Grafteaux, *La Mère Denis: L'histoire vraie de la lavandière la plus célèbre de France* (Paris: J.-P. Delarge, 1976); Ephraïm Grenadou and Alain Prévost, *Grenadou, paysan français* (Paris: Éditions du Seuil, 1966); Pierre Jakez Hélias, *Le cheval d'orgueil: Mémoire d'un Breton du pays bigoudin* (Paris: Librairie Plon, 1975); Jean-Pierre Richardot, *Papa Bréchard, vigneron du Beaujolais* (Paris: Stock, 1977); Lucien Jégou, *Le bénitier du diable: Mémoires du pays bigoudin* (Paris: Seghers, 1982); Claudia and Joseph Jeury, *Le Crêt de Fonbelle: Les gens du mont Pilat, récit recueilli par Michel Jeury* (Paris: Seghers, 1981); Pepino Nizzi, *Pepino, berger corse*, propos recueillis et présentés par Laurent Cabrol et Jean-Paul Grée (Paris: Hachette, 1977); Marcel Scipion, *Le clos du roi: Mémoires d'un berger des Alpes de Hautes Provence* (Paris: Seghers, 1978); Christine Signol, *Antonin Laforgue, paysan du Causse: 1897–1974* (Paris: Denoël,

1981), Antoine Sylvère, *Toinou: Le cri d'un enfant auvergnat* (Paris: Librairie Plon, 1980)。

13   "Vécu" (Éditions Robert Laffont); "Mémoire vive" (Éditions Seghers); "Les voix du pays" (Éditions Stock); "La France des profondeurs" (Presses de la Renaissance); "Mémoire du peuple" (J.-P. Delarge); "Actes et mémoires du peuple" (Éditions Maspéro); "La France retrouvée" (Éditions Rombaldi).

14   1955 年，马洛里推出了《人类的土地》(*Terre humaine*) 系列丛书，讲述了他自己在格陵兰岛因纽特人中间生活的探险经历。同年，他又出版了克洛德·列维-斯特劳斯的《热带的忧郁》，这既是一部回忆录和游记，也是对人类学的性质和目的的反思录，堪称人类学文学的伟大经典之一。Claude Cheb, "Terre humaine: Vingt-six grand livres," *Magazine littéraire*, September 1, 1975, 90–93. For a detailed history and analysis of the series see Pierre Aurégan, *Terre humaine: Des récits et des hommes* (Paris: Nathan, 2001).

15   Loïc Wacquant, "Following Pierre Bourdieu into the field," *Ethnography* 5, no. 4 (2004): 387–414; Deborah Reed-Danahay, "'Tristes Paysans': Bourdieu's Early Ethnography in Béarn and Kabylia," *Anthropological Quarterly* 77, no. 1 (2004): 87–106.

16   Philippe Lejeune, "L'autobiographie de ceux qui n'écrivent pas," in *Je est un autre: L'autobiographie de la littérature au médias* (Paris: Éditions du Seuil, 1980), 230–240 and Geneviève Bollème, "Récits pour vivre," *Revue des sciences humaines* 62, no. 191 (July–September 1983): 33–43.

17   "自传式民族志" 这一术语的简史，参见 Deborah Reed-Danahay ed., *Auto/ Ethnography: Rewriting the Self and the Social* (New York: Berg, 1997), 1–9。另见 Laura Marcus, *Auto/ biographical Discourses: Theory, Criticism, Practice* (Manchester: Manchester

University Press, 1994)。

18 Reed-Danahay 使用的是"农村回忆录"一词，等于绕开了阶级
    问题，但她也提到了"农民自传"这一体裁。"Sites of Memory:
    Women's Autoethnographies from Rural France," *Biography &
    Geography* 25, no. 1 (Winter 2002): 95–109.

19 关于"人民"（le populaire）一词的含义、政治效价及其在文
    学中的表现，启发性的讨论参见 Geneviève Bollème, *Le peuple
    par écrit* (Paris: Editions du Seuil, 1986)。

20 "其他群体（农民、工匠、城市工人、雇员等）的个人几乎没
    有机会将自己的生活（由自己或他人）书写成文字，并印刷出
    来。他们的生活故事只保留在其所属群体（村庄、手工业行
    会）的记忆中，很少超出这个圈子。他们的生活被局限在单一
    的环境中，缺乏可以引人关注的个性，而这种个性往往跟一
    个人在社会中的流动性和成功联系在一起。"Philippe Lejeune,
    "L'autobiographie de ceux qui n'ecrivent pas," 253.

21 Mark Traugott, *The French Worker: Autobiographies from the
    Early Industrial Era* (Berkeley: University of California Press,
    1993). 史蒂文·罗将集体写信、写歌与自传体写作一道，纳
    入 19 世纪上半叶界定了工人集体身份认同的相关文学实践
    中。Steven E. Rowe, "Writing Modern Selves: Literacy and the
    French Working Class in the Early Nineteenth Century," *Journal
    of Social History* 40, no. 1 (2006): 55–83. 在欧洲，工匠的自传
    体写作始于近代早期。James S. Amelang, *The Flight of Icarus:
    Artisan Autobiography in Early Modern Europe* (Stanford, CA:
    Stanford University Press, 1988).

22 Lejeune, "L'autobiographie de ceux qui n'ecrivent pas," 251.

23 历史学家在档案中发现了为农村家庭撰写的账簿和纪念册，
    并在地区学会的期刊或在杂志上分期发表。有关这些"纪念
    册"的讨论，参见 Martyn Lyons, "Order and Disorder in the

'Memory Books'," in *The Writing Culture of Ordinary People in Europe, c. 1860–1920* (Cambridge: Cambridge University Press, 2013), 222–244。罕见的早期农民回忆录包括 Valentin Jamerey-Duval (1695—1775) 所写的 *Mémoires: Enfance et éducation d'un paysan au XVIIIe siècle*，初版于 1929 年。1905 年，*La Revue de Paris* 发表了让-玛丽·德吉涅 (1834—1905) 的日记节选，这些日记后来逐渐淡出人们的视线，直到 1999 年才被重新发现，并全文出版。Jean- Marie Déguignet, *Mémoires d'un paysan bas- breton*, ed. Bernez Rouz (Ergué- Gabéric: Éditions Aṇ Here, 2000).

24 Paul Vernois, *Le roman rustique de George Sand à Ramuz: Ses tendances et son évolution, 1860–1925* (Paris: Librairie Nizet, 1962), Rémy Ponton, "Les images de la paysannerie dans le roman rural à la fin du dix-neuvième siècle," *Actes de la recherche en sciences sociales* 17–18 (November 1977): 62–71; Marnin Young, *Realism in the Age of Impressionism: Painting and the Politics of Time* (New Haven, CT: Yale University Press, 2015).

25 See Richard R. Bretell and Caroline B. Bretell, *Painters and Peasants in the Nineteenth Century* (New York: Rizzoli International Publications, Inc., 1983), 76–84.

26 Paul Vernois, *Le roman rustique*, 176.

27 关于吉约曼思想发展和文学生涯的细节，参见 Roger Mathé, *Émile Guillaumin, l'homme de la terre et homme des lettres* (Paris: Librairie Nizet, 1966)。要想根据他的书信来了解他的生平，参见 Émile Guillaumin and Nadine- Josette Chaline, *Émile Guillaumin, paysan-écrivain bourbonnnais, soldat de la Grande Guerre* (Paris: Presses de l'université Paris-Sorbonne, 2014)。

28 Émile Guillaumin, *The Life of a Simple Man*, ed. Eugen Weber,

trans. Margaret Crosland (Hanover, NH: University Press of New England, 1983), 1.

29 Daniel Halévy, *Visites aux paysans du centre, 1907–1934* (Paris: Hachette, 1995). 这部作品于 1934 年面世, 1978 年首次再版, 这次再版意义重大。

30 Jean Boissel, "Littérature et condition paysanne: la vie d'un simple, d'Émile Guillaumin (1904)," *Ethnologie française*, 1, no. 2 (1976): 143.

31 Pierre- Victor Stock, *Mémorandum d'un éditeur*, vol. 2 (Paris: Librairie Stock, 1936), 209.

32 Anne- Marie Thiesse, *Écrire la France: Le mouvement littéraire régionaliste de la langue française entre la belle époque et la Libération* (Paris: Presses universitaires de France, 1991), 157–158. 雷米·庞顿认为, 在 19 位专门写农村题材的作家中, 只有两位, 即埃米尔·吉约曼和莱昂·德尚 (Léon Deschamps) 是农民的儿子, 其他 "普通农村家庭出身" 的作家都是工匠或工人的孩子。Rémy Ponton, "Le champs littéraire en France, de 1865 à 1905: Recrutement des écrivains, structure des carrières et production des oeuvres" (Thèse du Doctorat du 3ème cycle, École des hautes études en sciences sociales, 1977), 96. Paul Vernois, "L'épanouissement du roman rustique social, Émile Guillaumin 1904–1914" in *Le roman rustique,* 175–208. 对农村主义写作的概述, 参见 http:// musee-emile-guillaumin.planet-allier.com/ege/region.htm。

33 Rose-Marie Lagrave, *Le village romanesque* (Arles: Éditions Actes Sud, 1980).

34 William Cloonan, "Marketing *la France profonde*: L'école de Brive," *Modern and Contemporary France* 7, no. 2 (1999): 230.

35 这本书的第三部分是一个叫 "瓦代克" 的人的 "生活记录"。

William I. Thomas and Florian Znaniecki, *The Polish Peasant in Europe and America*, 2 vols. (Dover: New York, 1958). 这本书的头两卷最初是由芝加哥大学出版社于 1918—1920 年出版的。另见 John Dollard, *Criteria for the Life History* (New Haven, CT: Yale University Press, 1935); Christine Delory-Momberger, "Les usages sociologiques de l'histoire de vie: l'École de Chicago et sa postérité américaine," in *Les histoires de vie: De l'invention de soi au projet de formation* (Paris: Éditions Anthropos, 2000), 139–170。

36 20 世纪 80 年代，社会学界试图恢复和振兴"生活故事"的方法。Daniel Bertaux, ed., *Biography and Society: The Life Story Approach in the Social Sciences* (Beverly Hills, CA: Sage Publications, 1981). 用这种方法深入背景了解和记录移民生活经历的例子，参见 Maurizio Catani and Suzanne Maze, *Tante Suzanne* (Paris: Librairie des Meridiens, 1982)。与此同时，致力于成人教育的社会科学家在探索如何可能通过让学生参与撰写自己的生活故事来改进教学的效果，促进学生的个人成长。Gaston Pineau and Guy Jobert, *Les histoires de vie*, vol. 1, *Utilisation pour la formation*, actes du colloque, les histoires de vie en formation, Université de Tours, 5–7 juin 1986. Gaston and Marie-Michèle Pineau, *Produire sa vie: Autoformation et autobiographe* (Montreal: Les Éditions coopératives Albert Saint-Martin, 1983).

37 Michel Croce-Spinelli, "Au magnétophone," *Le Monde*, April 12, 1969. 可以肯定的是，19 世纪外省学会的成员已经将乡村风俗、服饰和风景视为地方遗产。从 19 世纪 50 年代到"美好年代"，地方上的名流和博学之人创建博物馆，编写地方志，研究地方考古，记录方言，对地方习俗和民俗进行了详细的编目。Stéphane Gerson, *The Pride of Place: Local Memories*

and Political Culture in Nineteenth-Century France (Ithaca, NY: Cornell University Press, 2003), 5. Thierry Gasnier, "Le local: Une et divisible," in *Les lieux de mémoire*, vol. 3, edited by P. Nora (Paris: Éditions Gallimard, 1984): 463–525.

38 Pierre Bourdieu, "Une classe object," *Actes de la recherche en sciences sociales*, 17–18 (November 1977): 4; "L'illusion biographique," *Actes de la recherche en sciences sociales*, 62–63 (June 1986): 69–72.

39 See François Guillet, "Moeurs et coutumes normandes," in *Naissance de la Normandie: Genèse et épanouissement d'une image régionale en France*, 1750– 1850 (Caen: Annales de Normandie, 2000), 145–182.

40 Sophie de Closets, *Quand la télévision aimait les écrivains: "Lectures pour tous", 1953– 1968* (Brussels: De Boeck & Larcier; Institut national de l'audiovisuel, 2004); "Les livres de 'poche'," *Les Temps modernes*, 227 (April 1965): 1731–1818.

41 Grenadou and Prévost, *Grenadou, paysan français*, 41.

42 Grenadou and Prévost, *Grenadou, paysan français*, 245.

43 " 'Je ne suis qu'un paysan' . . . et la France se met à lire," *Paris-Match*, May 28, 1966.

44 *Les Provinciales*, "Les noces d'or de Grenadou," directed by Jean Gallo and Alain Prévost, produced by Jean-Claude Bringuier and Hubert Knapp, aired September 21, 1970, on Channel 1, ORTF.

45 Pierre Jakez Hélias, *The Horse of Pride: Life in a Breton Village*, trans. June Guicharnaud (New Haven, CT: Yale University Press, 1978), 334.

46 Jeanine Picard, *Le cheval d'orgueil* (Glasgow: University of Glasgow French and German Publications, 1999).

47 *Le cheval d'orgueil*, directed by Claude Chabrol (1980; Paris:

BELA and TF1 Films Production).

48   "Le paysan paysannant en paysannerie non-lyrique—c'est quand-
      même Toinou." Pierre Jakez Hélias, preface to *Toinou: Le cri d'un
      enfant auvergnat* by Antoine Sylvère (Paris: Plon, 1980), xxii.

49   1907 年，安托万·西尔韦尔被法国法院宣判无罪，随后他在社
      会阶层上显著提升。他参加第一次世界大战且最后当上军官，
      随后成为教师、工程师，之后又成为工厂负责人。20 世纪 30
      年代中期，他离开商界，定居巴黎，并在那里写下回忆录的部
      分内容。第二次世界大战期间，西尔韦尔在西南部的农村地区
      领导着一支游击队。他于 1963 年去世。

50   "Ce que les français on lu cette année," *Le Monde*, June 26, 1981.

51   "Littérature de la terre," *Le Petit Bastiais*, October 25, 1978.

52   "Scipion, La terre qui vit," *L'Expresss*, February 27–March 5,
      1978.

53   "Des écrivains en sabots," *Le Progrès de Fécamps*, May 19, 1980.

54   Jean-Marie Boreix, "Les Français en quête de leur racines," *Le
      Quotidien de Paris*, November 24, 1975.

55   这段雄辩的描述来自 Svetlana Boym, *The Future of Nostalgia*
      (New York: Basic Books), 8。

56   Jean Starobinski, "The Idea of Nostalgia," *Diogenes* 54 (1966):
      81–103; Thomas Dodman, *What Nostalgia Was: War, Empire,
      and the Time of a Deadly Emotion* (Chicago: University of
      Chicago Press, 2018).

57   "现代性最大的自负可能便是宣称自己具有对过渡和不确定性
      的特殊意识。" Peter Fritzsche, *Stranded in the Present: Modern
      Time and the Melancholy of History* (Cambridge, MA: Harvard
      University Press, 2004), 53. 在文学评论家斯维特兰娜·博伊姆
      （Svetlana Boym）看来，怀旧是一种"与现代性本身伴生"的
      历史情感。Boym, xvi.

58   Grenadou and Prévost, *Grenadou, paysan français*, 161–162.

59   让·罗比内是一位特别的农民，后来成了作家，并且经常被与
      吉约曼相提并论，他写了一部独特的自传体小说，其中的主
      角 都 是 马。Jean Robinet, *Compagnons de labour: Roman d'un
      paysan et de ses chevaux* (Paris: Flammarion, 1946).

60   *Lectures pour tous*, "grenadoie, paysan francais," produced and
      presented by Pierre Duyamet, aired May 18, 1966, ORTF.

61   关于卡莱斯和埃利亚斯这个方面的广泛讨论，参见 Deborah
      E. Reed-Danahay, "Leaving Home: Schooling Stories and the
      Ethnography of Autoethnography in Rural France," in *Auto/
      Ethnography: Rewriting the Self and the Social*, 123–143。

62   Émilie Carles, *A Life of Her Own: The Transformation of a
      Countrywoman in Twentieth-Century France*, trans. Avriel H.
      Goldberger (New York: Penguin, 1992), 111.

63   Ibid., 107.

64   Cited in Jean-Marie Boreix, "Les Français en quête de leurs
      racines."

65   Hélias, *The Horse of Pride*, 334.

66   Hélias, *The Horse of Pride*, 336.

67   布列塔尼作家格扎维埃·格拉尔（Xavier Grall）指责埃利亚斯
      的不合时宜及其展示的布列塔尼图景过于陈腐。这些圈子里的
      争论短暂地登上了全国舞台。两人还应邀在 1977 年 7 月 8 日播
      出的电视节目《撇号》中进行辩论，标题为 "Quelle Bretagne?
      quels Bretons?"。

68   "L'interview de Playboy: Pierre Jakez Hélias, propos sur la
      région par un breton bretonnant qui envahit toute la France,"
      Playboy (French edition), August 1976, 19.

69   Sylvère, *Toinou*, 123.

70   在 19 世纪的美术和大众文化中，对苦难的表现有着漫长的历史，

参见 Linda Nochlin, *Misère: The Visual Representation of Misery in the 19th Century* (New York: Thames & Hudson, 2018)。

71   Susan Carol Rogers, "Good to Think: The 'Peasant' in Contemporary France," *Anthropological Quarterly* 60, no. 2 (1987): 56.

72   Pierre Baton cited in François Reynard, "La dernière lessive de la Mère Denis," *Libération*, January 18, 1989.

73   "Entretien Daniel Payan," *Stratégies*, January 17, 2003, 51.

74   "Les 25 Français de 1976," *Paris Match*, January 7,1977.

75   Serge Grafteaux, *La Mère Denis: L'histoire vraie de la lavandière la plus célèbre de France* (Paris: J.-P. Delarge, 1976).

76   *Journal de 2011 de TF1* presented by Patrick Poivre d'Arvor, aired January 17, 1989, TF1.

第五章　被破坏的景观：雷蒙·德帕尔东的视觉回忆录

1   Raymond Depardon, *La ferme du Garet* (Arles: Actes Sud, 1997)，一部由文字和图像组成的自传；*Profiles paysans*，纪录片三部曲（1998—2008），反映的是法国中部偏远山腰地区农民生活的命运；摄影展，如 *Raymond Depardon: Un moment si doux*（2013 年 11 月 14 日至 2014 年 2 月 10 日，巴黎，大皇宫美术馆），*Traverser: Raymond Depardon*（2017 年 9 月 13 日至 12 月 22 日，巴黎，亨利·卡蒂埃–布列松基金会）。

2   鲁基耶在两部影片中描绘了他家在阿韦龙省的农场的历史，这两部影片分别拍摄于"辉煌三十年"之前和之后：*Farrebique ou les quatres saisons* (1947; Paris: Les Documents Cinématographiques, 2001), DVD and *Biquefarre* (1983; Paris: Les Documents Cinématographiques; Mallia Films, 2001), DVD。

3   拉塔尔热曾接受过农村、水利和林业总工程师（IGREF）训练，
      1968 年在农业部开始自己的公职生涯，1976 年加入 DATAR，
      并于 1983 年担任其中一个编入预算的要职 : 农村发展与管理
      部际基金会（FIDAR）秘书长。这无疑有助于为 MPD 筹集资
      金。Commissariat général à l'égalité des Territoires, "Bernard
      Latarjet et François Hers," http://missionphoto.datar.gouv.fr/fr/
      content/ bernard-latarjet-et-françois-hers.

4   François Hers and Bernard Latarget, "L'expérience du paysage,"
      in *Paysages photographies: Travaux en cours 1984/1985* (Paris:
      Hazan, 1985), 27, 28.

5   Vincent Guigueno, "La France vue du sol: Une histoire de la
      Mission photographique de la DATAR (1983–1989)," 18 (2006):
      2.

6   Hers and Latarget, "L'expérience du paysage," 27.

7   虽然拉塔尔热和埃尔对于提出 MPD 的构想功劳最大，但其
      他在官方机构任职的法国摄影界人士，也在该项目的出台中
      发挥了作用，包括法国国家摄影基金会（成立于 1976 年）
      主席贝特朗·埃弗诺（Bertrand Eveno），以及该机构的总监皮埃
      尔·德费诺伊尔——他也是 MPD 的参与者之一。Raphaële Bertho,
      "Analyse de la genèse institutionelle de la Mission photographique
      de la DATAR. L'établissement de la photographie dans le paysage
      culturelle français (1960–1981), July 2008, Paris, France," https://
      halshs.archives-ouvertes.fr/ halshs-00715825.

8   Hers and Latarget, "L'expérience du paysage," 28; Roger Brunet,
      "Analyse des paysage et sémiologie: Éléments pour un débat,"
      in *La théorie du paysage en France, 1974–1994*, ed. Alain Roger
      (Paris: Éditions Champ Vallon, 1995); John Wylie, "Ways of
      Seeing," in *Landscape* (London: Routlege, 2007), 55–93.

9   Hers and Latarget, "Experience of Landscape," in *Paysages*

photographies: En France les années quatre-vingt (Paris: Hazan, 1989), 35.

10   François Hers, "Pourquoi la photographie s'interesse-t-elle à la DATAR?," in *La Mission photographique de la DATAR*, Supplement, *Photographies,* bulletin no. 1 (1984): 8; Hervé Guibert, "Les reporters victimes du reportage: Entretien avec François Hers, un ancien de la grande chasse à l'acutalité," *Le Monde*, January 28, 1985.

11   Hers and Latarget, "Experience of Landscape," 451. Bernard Latarget, "Questions sur la Mission Photographique de la DATAR," in *La Mission photographique de la DATAR*, Supplement, *Photographies*, bulletin no. 1 (1984): 5.

12   François Dagognet, ed. *Mort du paysage?: Philosophie et esthétique du paysage: actes du colloque de Lyon*, (Paris: Éditions Champ Vallon, 1982). 这次会议的主题表明，许多法国人对传统景观的变化充满了不祥的预感。

13   Hers and Latarget, "The Experience of Landscape," 18. 在随后的几年，MPD 成为法国、德国、英国、意大利和前东德的公共委员会的典范，这些委员会都本着这种精神转向摄影。Raphaële Bertho, "Paysages sur commande: Les missions photographiques en France et en Allemagne dans les années 1980 et 1990" (doctoral dissertation, École pratique des hautes études, 2010), 58–146.

14   这是法国政府首次公开委托摄影师拍摄作品，受雇的五名摄影师使用的是早期的日光蚀刻摄影术，由尼塞福尔·尼埃普斯（Nicéphore Nieps）发明。该项目于 1980 年首次受到公众关注，也正是这个时候，拉塔尔热开始构思 MPD。Anne de Mondenard, "La Mission héliographique: Mythe et histoire," 2 (1977) http:// etudesphotographiques.revues.org/ 127.

15 在他们对景观的文化定义中,可以听到对美国农场安全署（FSA）纪实摄影组组长罗伊·斯特赖克（Roy Stryker）的呼应，后者如此写道："每种文化都在地形上打上自己的印记，创造属于自己的景观。" Cited in Jason Weems, *Barnstorming the Prairies: How Aerial Vision Shaped the Midwest* (Minneapolis: University of Minnesota Press, 2015), 45.

16 Hers, "Pourquoi la photographie s'interesse-t-elle à la DATAR?," 8.

17 Latarget, "Questions sur la Mission Photographique de la DATAR," 3; Roger Brunet, "Réévaluation des paysages," in *Paysages photographies: Travaux en cours 1984/1985*, 67.

18 Raphaële Bertho, *La mission photographique de la DATAR: Un laboratoire du paysage contemporain* (Paris: La Documentation française; DATAR, 2013), 33; Max Bonhomme, "François Hers: Du reportage militant à la nouvelle photographie documentaire (1965–1990)," *Études photographiques* 33 (2015) http://etudesphotographiques.revues.org/ 3549. 1981 年，弗朗索瓦·密特朗当选法国总统，极大地推动了这一进程。Gaëlle Morel, "La figure de l'auteur: L'acceuil du photoreporter dans le champ culturel français (1981–1985)," *Études photographiques* 13 (2003): 36–37.

19 Morel, "La figure de l'auteur," 44.

20 Hervé Guibert, "Les reporters victimes du reportage: Entretien avec François Hers, un ancien de la grande chasse à l'actualité," *Le Monde*, January 28, 1985.

21 Hers and Latarget, "L'expérience du paysage," 29.

22 Morel, "La figure de l'auteur," 36.

23 Hers and Latarget, "L'expérience du paysage," 13. MPD 中有一个重要例外，即弗朗索瓦·德帕坦（François Despatin）和克里斯蒂昂·戈贝利（Christian Gobeli）的人像摄影。

24 艺术评论家让-弗朗索瓦·谢弗里耶是 MPD 最得力的支持者之
    一，他认为景观摄影这种流派在 20 世纪的法国从未完全成形，
    尤其是与美国相比。Jean-François Chevrier, "La Photographie
    dans la culture du paysage, 2ième partie: Les paysages nationaux
    et l'étude de la nature," in *Paysages photographies: Travaux
    en cours 1984/1985*, 393. For a lucid expo-sition of these
    developments see Bertho, *La mission photographique de la
    DATAR:Un laboratoire du paysage contemporain*, 67–71.

25 Bertho, "Paysages sur commande," 131–137. 其中包括 6 位 19
    世纪法国和美国的摄影师，以及 3 位 20 世纪的摄影师。值得注
    意的是，沃克·埃文斯（Walker Evans）拍摄人物，而奥古斯特·桑
    德尔（August Sander）专事人像摄影。

26 John Szarkowski, "Introduction," in *Walker Evans* (New
    York: Museum of Modern Art, 1971), 17; Hers and Lataret,
    "L'expérience du paysage," 32.

27 巴尔茨看似无动于衷，实则对给土地留下这种印记的社会有
    着激烈的看法。在 1992 年的一次采访中，他回忆道："我目
    睹了这个地方发生的惊人转变，看到过第一波患有暴食症的
    资本主义是如何席卷这片土地。我感到我所处的环境出现了
    可怕的错乱。"Cathy Curtis, "ART: The Wasteland: The World
    of Photographer Lewis Baltz Lies Just Beyond the City, Where
    He Records Bleak Images of the American West," *Los Angeles
    Times*, March 29, 1992.

28 Britt Salvesen, "*New Topographics*," in *New Topographics*
    (Tucson: Center for Creative Photography, University of Arizona,
    2009), 11.

29 Ibid., 57.

30 Guigueno, "La France vue du sol," 98.

31 Bertho, *La mission photographique de la DATAR*, 72–73; *Territoires*

photographiques (DATAR, produced by INA/France 3, 1985); "Raymond Depardon, Fermes familiales," dir. Fréderic Compain (9 min 05, 1985); "Sophie Ristelhüber, Paysages vus du train," dir. Gilles Delavaud (9 min 56, 1985); "Pierre de Fenoÿl, "Paysages de campagne," dir. Didier Deleskiewicz (8 min 12, 1985).

32   最初的 13 位成员（包括埃尔）: Gabriele Basilico, Raymond Depardon, François Despatin, Robert Doisneau, Tom Drahos, Gilbert Fastenaekens, Pierre de Fenoÿl, Albert Giordan, Christian Gobeli, François Hers, Sophie Ristelhüber, Holger Trülzsch。1985 年 DATAR 首次举办作品展时，Suzanne Laffont, Werner Hannappel, Christian Milovanoff 和 Jean-Louis Garnell 加入了他们的行列。

33   Bertho, *La mission photographique de la DATAR*, 74.

34   德帕坦和戈贝利一起工作，在参与者名单中被算作一人。总人数是 29 人。

35   例如，弗朗索瓦·科拉尔在 1932—1934 年出版的《法国劳工》(*La France travail*) 中，对法国大众阶级的劳动情况进行了百科全书式的、形象生动的描绘。See Matthieu Rivallin and Pia Viewing, eds., *François Kollar: Un ouvrier du regard* (Paris: Éditions de La Martinière; Jeu du Paume, 2016).

36   Depardon, *La ferme du Garet*, 136. 关于农民阶级身份代际传承中断的社会学探讨，参见 Patrick Champagne, *L'héritage refusé: La crise de la reproduction sociale de la paysannerie française, 1950–2000* (Paris: Éditions du Seuil, 2002)。

37   Raymond Depardon, *La France de Raymond Depardon* (Paris: Éditions du Seuil/Bibliothèque nationale de France, 2010), n.p.

38   Depardon, *La ferme du Garet*, 160.

39   John G. Morris, *Get the Picture: A Personal History of Photojournalism*

(New York: Random House, 1998), 91.

40   Raymond Depardon, "Extraits de l'émission 'Radio-Photo'
      [entretien avec Jean-François Chevrier (1980)]," in *La solitude
      heureuse du voyageur précédé de Notes* (Paris: Éditions Points,
      2006), 62. 新闻摄影的历史，参见 Jason E. Hill and Vanessa
      R. Schwartz, *Getting the Picture: The Visual Culture of the
      News*(New York: Bloomsbury, 2015)。

41   Depardon, *La ferme du Garet*, 64.

42   Depardon, *La ferme du Garet*, 201. 后来，自由城商会征用了农
      场另一侧的田地，建立了一个轻工业区。Raymond Depardon,
      Paysans (Paris: Éditions Points, 2009), n.p. 这个农场一直在德帕
      尔东家手中，直到让在 2005 年退休。

43   Depardon, *La ferme du Garet*, 242.

44   Raymond Depardon, *La solitude heureuse du voyageur précédé
      de Notes*, 64–66; Gaëlle Morel, *Le photoreportage d'auteur:
      L'institution culturelle de la photographie en France depuis les
      années 1970* (Paris: CNRS Éditions, 2006), 25.

45   Depardon, *La solitude heureuse du voyageur précédé de Notes*, 13.

46   Depardon, *La solitude heureuse du voyageur précédé de Notes*, 39.

47   Raymond Depardon, "Notes (1978)," in *La solitude heureuse de
      voyageur précédé de Notes*, n.p.

48   Depardon, "Extraits de l'émission 'Radio-Photo'," 77.

49   Michel Nuridsany, "Depardon, le reportage renouvelé," *Le
      Figaro*, July 24, 1979 cited in Morel, *Le photoreportage d'auteur*,
      23. 无论德帕尔东的作品在法国评论家的眼中有多么新颖，早
      在 1962 年的《生活》杂志上就出现了一种主观的新闻摄影方
      法，直接将摄影师与图像制作关联在一起。参见 Mary Panzer,
      "An Essay on Success in the USA, 1962," in *Getting the Picture:
      The Visual Culture of the News*, ed. Jason E. Hill and Vanessa R.

Schwartz (London: Bloomsbury, 2015), 79–81。

50 Raymond Depardon and Alain Bergala, *Correspondance new-yorkaise* (Paris: Libération/ Éditions de l'Etoile, 1981), 61.

51 Ibid., 90.

52 Mission photographique de la DATAR, *Paysages photographies: En France les années quatre-vingt* (Paris: Hazan, 1989), 680–681; Morel, *Le photoreportage d'auteur*, 26, 88; Michel Poivert, "Le photojournalisme érigé en objet culturel," *Art press*, no. 306 (November 2004).

53 Depardon, *La France*, n.p. 1952 年，斯特兰德与法国诗人克洛德·罗伊合作，创作了《法国概况》(*La France de profile*)，其中包括许多关于农村生活和环境的图片。Peter Barberie and Amanda N. Bock, eds., *Paul Strand: Master of Modern Photography* (Philadelphia: Philadelphia Museum of Art; Fundación MAPFRE, 2014), 16–17.

54 Depardon, *La ferme du Garet*, 258.

55 Cited in Guigueno, "La France vue du sol," 102.

56 *Les années déclic*, directed by Raymond Depardon and Roger Ikhlef (1983; Palmeéraie et desert/INA, 1984), DVD. 这部 70 分钟的纪录片由法国国家摄影中心委托制作，在阿尔勒摄影节上放映。该摄影节创办于 1970 年，每年举办一次。

57 1984 年 4 月和 5 月，《摄影》杂志连续出版两期增刊，专门介绍 MPD 及其委托的摄影师，对其工作成果提前进行了广泛的宣传。东京宫展出的作品没有装裱，或放在有机玻璃后面，或放在低矮的柜子、台子上，或挂在墙上。Guigueno, "La France vu du sol," 103. 接下来的两年里，这些作品在法国和国外巡回展出。

58 Mission photographique de la DATAR, *Paysages photographies: Travaux en cours 1984/1985*, 104.

59 William Jenkins, introduction to Robert Adams, William Jenkins,

and House International Museum of Photography at George
Eastman, *New Topographics: Photographs of a Man- altered
Landscape* (Rochester, NY: International Museum of Photography
at George Eastman House, 1975), 5–7. 德帕尔东和巴尔茨是同时
代人，他们都对自己成长之地的景观变化感到失望。

60   Depardon, *La ferme du Garet*, 258.

61   Raymond Depardon, *Raymond Depardon: Un moment si doux*
(Paris: Réunion des musées nationaux-Grand Palais, 2013), 97–
98. 1985 年在东京宫展出作品的 17 位摄影师中，只有 4 位拍摄
了彩色照片。

62   Depardon, *La ferme du Garet*, 269. 美国农场安全署的摄影师喜
欢拍黑白照片而非彩色照片，正是出于这个原因 : 黑白照片
可以将拍摄对象置于现代性之外。Kim Timby, "Look at those
Lollipops! Integrating Color into New Pictures," in *Getting the
Picture: The Visual Culture of the News*, ed. Jason E. Hill and
Vanessa R. Schwartz (New York: Bloomsbury, 2015), 237.

63   Timby, "Look at those Lollipops!," 239.

64   Depardon, *Raymond Depardon: Un moment si doux*, 17.

65   See Sally Eauclaire, *The New Color Photography* (New York:
Abbeville Press, 1981). 1985 年，MPD 的摄影师中，三分之一
的人拍摄了彩色照片。

66   Noted by Guigueno, "La France vue du sol," 100.

67   见 Frédéric Pousin, "The Aerial View and the *Grands Ensembles*,"
in *Seeing From Above: The Aerial View in Visual Culture*, ed.
Mark Dorrian and Frédéric Pousin (London: I.B. Tauris, 2013),
249– 276; Jason Weems, "New Deal Aerial Photography and
the Marshaling of Rural America," in *Barnstorming the Prairies:
How Aerial Vision Shaped the Midwest* (Minneapolis: University
of Minnesota Press, 2015), 45–125; Jeanne Haffner, *The View*

From Above: The Science of Social Space (Cambridge: MA: MIT Press, 2013)。

68　Mission photographique de la DATAR, *Paysages photographies: En France les années quatre-vingt*, 153–184. 1988 年，DATAR 的摄影师们（现在共有 28 位）每人向法国国家图书馆提交了一份正式档案。多年来，只有在图书馆里，通过法国国家图书馆的电脑，才能看到 MPD 完整的作品集。在摄影、建筑、城市规划和景观规划领域，MPD 作为一个连贯的项目，成了"神话"，而且人们很难目睹其作品的真容，原件只在 Département des estampes et de la photographie 供研究人员使用。直到 2013 年，DATAR 才创建了一个网站，供公众查阅所有摄影师的完整档案。Bertho, *La mission photographique de la DATAR*, 35.

69　Raymond Depardon, telephone interview with author, April 27, 2019.

70　*Les années déclic*, dirs. Depardon and Ikhlef.

71　Depardon, *La ferme du Garet*, 64.

72　Henri Lefebvre, *Du rural à l'urbain* (Paris: Éditions Anthropos, 1970), 109–128; Lukasz Stanek, *Henri Lefebvre: Architecture, Urban Research, and the Production of Theory* (Minneapolis: University of Minnesota Press, 2011), 17–20.

73　*La France de Raymond Depardon*, np. 类似的话，还可见于 Raymond Depardon, *La Terre des paysans* (Paris: Éditions du Seuil, 2008), n.p。

74　John Brinckerhoff Jackson, *Landscape in Sight: Looking at America* (New Haven, CT: Yale University Press, 1997); John Wylie, "Landscape Phenomenology," in *Landscape* (London: Routledge, 2007), 139–186; Tim Ingold, "The Temporality of Landscape," in *The Perception of the Environment: Essays on Livelihood, Dwelling and Skill* (London: Routledge, 2011), 189–

208; Gaston Bachelard, *The Poetics of Space* (Boston: Beacon Press, 1969).

75   Depardon, *La ferme du Garet*, 318.

结语

1   这个村子叫塞尔马日村，位于勃艮第东部的涅夫勒省，自 1958 年以来一直是密特朗的选区。1959—1981 年，密特朗在距离塞尔马日 14 公里的希农堡担任市长。

2   Jean-Marie Pottier, "1981, Mitterrand et la 'force tranquille' d'un petit village nivernais," *Slate*, http:// www.slate.fr/story/52853/ photos-campagne-1981-mitterrand-force-tranquille-sermages.

3   François-Guillaume Lorrain, "Retour à Sermages: Le village de la force tranquille#1," *Le Point*, https://www.lepoint.fr/ histoire/retour-a-sermages-le-village-de-la-force-tranquil le-1-09-05-2015-1927297_1615.php.

4   Elsa Dorey, "Affiche de campagne de 1981: L'esprit de clocher," *L'actualité Nouvelle-Aquitaine: Science and culture, innovation*, https://actualite.nouvelle-aquitaine.science/ affiche-de-campagne- de-1981-lesprit-de-clocher/. 尽管如此，密特朗还是要求将教堂尖顶和十字架涂抹掉，以避免传递过于宗教化的信息。

5   See Herman Lebovics, *True France: The Wars Over Cultural Identity, 1900–1945* (Ithaca, NY: Cornell University Press, 1992).

6   Lorrain, "Retour à Sermages." 为密特朗出谋划策的公关人员对竞选策略的讨论，参见 Jacques Séguéla, *Hollywood lave plus blanc* (Paris: Flammarion, 1982)。

7   Henri Mendras, *La fin des paysans: Suivi d'une réflexion sur La fin des paysans, vingt ans après* (Arles: Actes Sud, 1984), 318.

8   Bertrand Hervieu, "Discontinuities in the French Farming World," *Sociologia Ruralis* XXXI, no. 4 (1991): 297.

9   Pascal Dibie, *Le village métamorphosé: Révolution dans la France profonde: Chichery, Bourgogne nord* (Paris: Librairie Plon, 2006), back cover. Jean-Pierre Le Goff, *La fin du village: Une histore française* (Paris: Éditions Gallimard, 2012).

10 对这一主题的深入探讨，参见亚当·索普（Adam Thorpe）新近出版的回忆录：*Notes from the Cévennes: Half a Lifetime in Provincial France* (London: Bloomsbury, 2018)。

11 文化批评家雷蒙德·威廉斯在其英国文学研究中，提出了一种有影响力的观点，即"作为基本生活方式的乡村与城市之间的对比，可以追溯到古典时代"，"强烈的情感"和观念围绕着这种对比聚集，且将其一般化，造成乡村与城市在情感上和理智上都永恒地区别开来。不过威廉斯也认识到。它们之间的关系会随着历史和时间而发生改变。Raymond Williams, *The Country and the City* (New York: Oxford University Press, 1973), 1.

12 与会者都是战后历史学家和社会科学家中的翘楚，包括年鉴学派历史学家吕西安·费弗尔、费尔南·布罗代尔、恩斯特·拉布鲁斯（Ernst Labrousse），社会学家保罗-亨利·雄巴尔·德洛韦（Paul-Henry Chombard de Lauwe）、亨利·列斐伏尔、乔治·弗里德曼（Georges Friedmann），人口学家阿尔弗雷德·索维（Alfred Sauvy），经济学家让·富拉斯蒂耶（"辉煌三十年"这个说法的提出者）。Georges Friedmann, *Villes et campagnes: Civilisation urbaine et civilisation rurale en France*, 2nd ed. (Paris: Armand Colin, 1970), vii, xviii, 4, 6.

13 有关战后法国城乡关系的持续的学术探讨，参见 Nicole Mathieu, *Les relations villes/campagnes: Histoire d'une question politique et scientifique* (Paris: L'Harmattan, 2017)。

参考文献

BROAD STUDIES

Bess, Michael. *The Light Green Society: Ecology and Technological Modernity in France, 1960–2000*. Chicago: University of Chicago, 2003.

Dibie, Pascal. *Le village métamorphosé: Révolution dans la France profonde: Chichery, Bourgogne nord*. Paris: Librairie Plon, 2006.

Frémont, Armand. "La terre." In *Les lieux de mémoire*, vol 3, *La France*, edited by Pierre Nora, 19–54. Paris: Éditions Gallimard, 1984.

Fourastié, Jean. *Les trente glorieuses: Ou la révolution invisible de 1946 à 1975*. Paris: Fayard, 1979.

Gervais, Michel, Marcel Jollivet, and Yves Tavernier. *La fin de la France paysanne*. Histoire de la France rurale. Edited by Georges Duby and Armand Wallon. Vol. 4. Paris: Éditions du Seuil, 1977.

Hervieu, Bertrand, and Jean Viard. *L'archipel paysan: La fin de la république agricole*. Paris: Éditions de l'Aube, 2001.

Hervieu, Bertrand, and Jean Viard. *Au bonheur des campagnes*. Paris: Éditions de l'Aube, 2001.

Kayser, Bernard. *Ils ont choisi la campagne*. Paris: Éditions de l'Aube, 1996.

Kedward, H. R. *La Vie en Bleu: France and the French since 1900*. London: Allen Lane, 2005.

Lefebvre, Henri. *Du rural à l'urbain*. Paris: Éditions Anthropos, 1970.

Mathieu, Nicole. *Les relations villes/campagnes: Histoire d'une question politique et scientifique*. Paris: L'Harmattan, 2017.

Moulin, Annie. *Les paysans dans la société française: De la Révolution à nos jours*. Paris: Éditions du Seuil, 1988.

Mendras, Henri. *La fin des paysans: Suivi d'une reflexion sur La fin des paysans, vingt ans après*. Arles: Actes Sud, 1984.

Rambaud, Placide. *Société rurale et urbanisation*. Paris: Éditions du Seuil, 1969.

Nord, Philip G. *France's New Deal: From the Thirties to the Postwar Era*. Princeton, NJ: Princeton University Press, 2010.

Perrier-Cornet, Philippe, ed. *Repenser les campagnes*. Paris: Éditions de l'Aube/DATAR, 2002.

Weber, Eugen. *Peasants into Frenchmen: The Modernization of Rural France, 1870–1914*. Stanford, CA: Stanford University Press, 1976.

Williams, Raymond. *The Country and the City*. Oxford: Oxford University Press, 1973.

Woods, Michael. *Rural*. New York: Routledge, 2011.

Wylie, John. *Landscape*. New York: Routledge, 2007.

CHAPTER 1

Alphandéry, Pierre, Pierre Bitoun, and Yves Dupont. *Les champs du départ: Une France rurale sans paysans?* Paris: Éditions la Découverte, 1988.

Béteille, Roger. *La France du vide.* Paris: Librairies techniques, 1981.

Bivar, Venus. *Organic Resistance: The Struggle over Industrial Farming in Postwar France.* Chapel Hill: University of North Carolina Press, 2018.

Bourdieu, Pierre. *Le bal des célibataires: Crise de la société paysanne en Béarn.* Paris: Éditions du Seuil, 2002.

Buller, Henry. "The 'Espace Productif', the 'Théâtre de la Nature' and the 'Territoires de Développement Local': The Opposing Rationales of Contemporary French Rural Development Policy." *International Planning Studies* 9, no. 2–3 (2004): 101–119.

Cheverry, Pierre, and Pierre Clergeot. *Paysages ruraux: Un perpétuel devenir, 1800–2000, Histoire de l'aménagement foncier.* Paris: Éditions Publi-Topex, 2005.

Chevrel, Claudine, and Béatrice Cornet. *Le paysan dans la publicité: Perrette et le tracteur.* Paris: Paris Bibliothèques Éditions, 2008.

Dard, Olivier. "La construction progressive d'un discours et d'un milieu aménageur des années trentes aux années cinquante." In *La politique de l'aménagement du térritoire: Racines, logiques et résultats*, edited by Patrice Caro, Olivier Dard, and Jean-Claude Daumas, 65–77. Rennes: Presses universitaires de Rennes, 2002.

Debatisse, Michel. *La révolution silencieuse: Le combat des paysans.* Paris: Calmann-Lévy, 1963.

Desportes, Marc, and Antoine Picon. *De l'espace au territoire.* Paris: Presses de l'École des ponts et chausées, 1997.

Deyon, Pierre, and Armand Frémont. *La France et l'aménagement de son territoire, 1945–2015.* Paris: Librairie Générale de droit et de jurisprudence, E.J.A., 2000.

Friedmann, Georges. *Villes et campagnes: Civilisation urbaine et civilisation rurale en France.* 2nd ed. Paris: Armand Colin, 1970.

Gravier, Jean-François. *Paris et le désert français: Décentralisation, équipement, population.* Paris: Éditions Le Portulan, 1947.

Mathieu, Nicole. "La notion du rural et les rapports ville-campagnes en France. Des Années cinquante aux années quatre-vingts." *Économie rurale*, no. 197 (1990): 35–41.

Pitte, Jean-Robert. *Philippe Lamour: Père de l'aménagement du territoire.* Paris: Fayard, 2002.

Pritchard, Sara B. *Confluence: The Nature of Technology and the Remaking of the Rhône.* Cambridge, MA: Harvard University Press, 2011.

Pulju, Rebecca J. *Women and Mass Consumer Society in Postwar France.* Cambridge: Cambridge University Press, 2011.

Ruspoli, Mario, dir. *Les inconnus de la terre.* 1961; Paris: Éditions Montparnasse, 2016. DVD.

Rouaud, Christian, dir. *Paysan et rebelle: Un portrait de Bernard Lambert.* Paris: Iskra Films, 2002. DVD.

Rouquier, Georges, dir. *Farrebique ou les quatres saisons.* 1947; Paris: Les Documents Cinématographiques, 2001. DVD.

Rouquier, Georges, dir. *Biquefarre.* Paris: Les Documents Cinématographiques, 1983. DVD.

Trintignac, André. *Aménager l'hexagone: Villages, villes, régions.* Paris: Éditions Centurion, 1964.

Archives

Bibliothèque nationale de France. Département des arts du Spectacle. Fonds Georges Rouquier.

Fédération nationale des Gîtes de France, Paris. Administrative archives.

CHAPTER 2

Cribier, Françoise. "Les résidences secondaires des citadins dans les campagnes françaises." *Études rurales*, no. 49/50 (Jan.–June 1973): 181–204.

La Documentation française. "Les résidences secondaires en France dans le cadre de l'habitat de loisir." *Notes et études documentaires*, no. 3939–3940 (November 8, 1972): 1–88.

Dubost, Françoise, ed. *L'autre maison: La 'résidence secondaire', refuge des générations.* Paris: Éditions Autrement, 1998.

Dubost, Françoise. "Les résidences secondaires: Nouvelles orientations." Groupe de prospective sur l'avenir des espaces ruraux, DATAR, 1995.

Dubost, Françoise. "L'usage social du passé: Les maisons anciennes dans un village beaujolais." *Ethnologie française* 12, no. 1 (January–March 1982): 45–60.

L'Express

Fermettes et résidences secondaires

Fischer, Roger. *Restaurer sans trahir.* Paris: Éditions BIAS, 1969.

Institut national de la statistique et des etudes économique (INSEE). "Les résidences secondaires des français en juin 1967." Supplement, *Études et conjonctures, revue mensuelle de l'INSEE*, no. 5 (1968): 1–35.

Landry, Robert. *Guide des villages abandonnés.* Paris: André Balland, 1970.

Lefebvre, Henri. "Notes on the New Town (April 1960)." In *Introduction to Modernity*, 116–131. London: Verso, 1995.

La Maison de Marie-Claire

Maisons à la campagne

Maisons paysannes de France

Maisons de France

Le Point

Morin, Edgar. *Commune en France: La métamorphose de Plodémet.* Paris: Fayard, 1967.

Rouaud, Christian, dir. *Tous au Larzac.* Paris: Elzévir Films, 2011. DVD.

Toussaint, Pierre. *Les vieilles maisons à retaper.* Paris: Éditions Robert Laffont, 1975.

Journal télévisé de la RTF, "Villages abandonnés dans les Alpes." Aired on February 26, 1961, on RTF.

Archives

Archives nationales de france
19760351
19880422
19930567
19940724

CHAPTER 3

Besson, Michel, and Bernard Vidal. *Journal d'une communauté.* Paris: Stock, 1976.

Billon, Yves, dir. *Avec nos sabots.* Paris: Zaradoc Films, 1980. DVD.

Blanchemair, Antoine, interview by author, Montpellier (Hérault), November 12, 2012.

C: Échanges, expression, liaisons des communautés de vie francophone

Droit, Roger-Pol, and Antoine Gallien. *La chasse au bonheur: Les nouvelles communautés en France*. Paris: Calmann-Lévy, 1972.

La fabrique de l'histoire, "Le temps des communautés." Aired November 29, 1999, on France Culture.

Furet, Ulrike, interview by author, Limans (Alpes-de-Haute-Provence), August 2, 2013.

Genner, Michael, interview by author, Vienna (Austria), December 5, 2014.

Groupe d'officiers de la circonscription de Midi-Pyrénées. "Les marginaux en Midi-Pyrénées." *Revue d'études et d'information-Gendarmerie nationale*, no. 117, 3eme trimestre (1978): 10–18.

Goret, Guido, interview by author, La Brillane (Alpes-de-Haute-Provence), August 3, 2013.

Guillebaud, Jean-Claude. "Ceux du grand refus." *Autrement*, 1 (1975): 47–57.

Hervieu, Bertrand, and Danièle Leger. *Le Retour à la nature: 'Au fond de la forêt . . . l'État'*. Paris: Éditions du Seuil, 1979.

Léger, Danièle. "Les utopies du 'retour'." *Actes de la recherche en sciences sociales* 29 (1979): 45–63.

"L'installation d'urbains en milieu rural et ses effets: Recherche exploratoire." Centre de recherches et d'études sociologiques appliquées de la Loire (CRESAL)-ERA CNRS no. 576, 1978.

Linhart, Virginie. *Le jour où mon père s'est tu*. Paris: Éditions du Seuil, 2008.

Mermet, Daniel. *Nos années Pierrot: C'était les années d'après 68*. Paris: La Découverte; France Inter, 2001.

Meynet, Elisabeth and Patrice, interview by author, Sigonce (Alpes-de-Haute Provence), July 30, 2013

Mytteis, Jakob, interview by author, Vienna (Austria), December 6, 2014.

Pellegrin, Jean-Pierre, interview by author, Saint-Étienne-les- Orgues (Alpes-de-Haute Provence), July 30, 2013.

Reiser, Hannes, interview by author, Basel (Switzerland), December 5, 2012.

Reid, Donald. "Larzac in the Broad 1968 and After." *French Politics, Culture & Society* 32, no. 2 (Summer 2014): 99–122.

Rouvière, Catherine. *Retourner à la terre: L'utopie néo-rurale en Ardèche depuis les années 1960*. Rennes: Presses universitaires de Rennes, 2015.

de Ruffray, Antoine, interview by author, Limans (Alpes-de-Haute Provence), July 31, 2013.

Saracino, Marc. "Témoinages." http://itineraires-militants-68.fr/index.php/2016/12/18/saracino-marc-ni-travail-ni-famille-ni-patrie/.

CHAPTER 4

Bollème, Geneviève. *Le peuple par écrit*. Paris: Éditions du Seuil, 1986.

Boym, Svetlana. *The Future of Nostalgia*. New York: Basic Books, 2001.

Boreix, Jean-Marie. "Les Français en quête de leur racines." *Le Quotidien de Paris*, November 24, 1975.

Bourdieu, Pierre. "Une classe objet." *Actes de la recherche en sciences sociales* 17–18 (November 1977): 2–5.

Bringuier, Jean Claude, and Knapp, Hubert, prod. *Les Provinciales*. "Les noces d'or de Grenadou." Aired September 21, 1970, on chanell, ORTF.

Carles, Emilie. *A Life of Her Own: The Transformation of a Countrywoman in Twentieth-Century France*. Translated by Avriel H. Goldberger. New York: Penguin, 1992.

Croce-Spinelli, Michel, "Au magnétophone." *Le Monde*, April 12, 1969.

Dibie, Pascal. *Le village retrouvé: Essai d'ethnologie de l'intérieur*. Paris: Éditions de l'Aube, 1995.

Dodman, Thomas. *What Nostalgia Was: War, Empire, and the Time of a Deadly Emotion*. Chicago: University of Chicago Press, 2018.

Fritzsche, Peter. *Stranded in the Present: Modern Time and the Melancholy of History*. Cambridge, MA: Harvard University Press, 2004.

Grenadou, Ephraïm, and Alain Prévost. *Grenadou, paysan français*. Paris: Éditions du Seuil, 1966.

Guillaumin, Émile. *The Life of a Simple Man*. Translated by Margaret Crosland. Hanover, NH: University Press of New England, 1983.

Hélias, Pierre Jakez. *The Horse of Pride: Life in a Breton village*. Translated by June Guicharnaud. New Haven, CT: Yale University Press, 1978.

Lejeune, Philippe. *Je est un autre: L'autobiographie, de la littérature aux médias*. Paris: Éditions du Seuil, 1980.

Pivot, Bernard, prod. *Apostrophes*, Episode 132, "Femmes, femmes, femmes." Aired on February 10, 1978, on France 2.

Robinet, Jean. *Compagnons de labour: Roman d'un paysan et de ses chevaux*. Paris: Flammarion, 1946.

Scipion, Marcel. *Le clos du roi: Mémoires d'un berger des Alpes de Haute-Provence*. Paris: Éditions Seghers, 1978.

Starobinski, Jean, "The Idea of Nostalgia." *Diogenes*, no. 54 (1966): 81–103.

Sylvère, Antoine. *Toinou: Le cri d'un enfant auvergnat*. Terre humaine. Paris: Librairie Plon, 1980.

CHAPTER 5

Adams, Robert, William Jenkins, and International Museum of Photography at George Eastman House. *New Topographics: Photographs of a Man-altered Landscape*. Rochester, NY: International Museum of Photography at George Eastman House, 1975.

Bertho, Raphaële. "Paysages sur commande: Les missions photographiques en France et en Allemagne dans les années 1980 et 1990." PhD diss., École pratique des hautes etudes, 2010.

Bertho, Raphaële. *La mission photographique de la DATAR: Un laboratoire du paysage contemporain*. Paris: La Documentation française; DATAR, 2013.

Compain, Frédéric, dir. "Raymond Depardon, Fermes familiales." In *Territoires photographiques*, 9 min: DATAR, 1985.

Dagognet, François, ed. *Mort du paysage?: Philosophie et esthétique du paysage: actes du colloque de Lyon*. Paris: Éditions Champ Vallon, 1982.

Depardon, Raymond. *La ferme du Garet*. Arles: Actes Sud, 1997.

Depardon, Raymond. *La France de Raymond Depardon*. Paris: Éditions du Seuil; Bibliothèque nationale de France, 2010.

Depardon, Raymond. *Raymond Depardon: Un moment si doux*. Paris: Réunion des musées nationaux-Grand Palais, 2013.

Depardon, Raymond. "Notes (1978)." In *La solitude heureuse de voyageur précédé de Notes*. Paris: Éditions Point, 2006.

Depardon, Raymond, and Roger Ikhlef, dir. *Les années déclic*. Paris: Palméraie et desert; Centre nationale de la photographie; L'Insitut national de l'audiovisuel, 1983. DVD.

Dorrian, Mark, and Frédéric Pousin. *Seeing From Above: The Aerial View in Visual Culture*. London: I. B. Taurus, 2013.

Eauclaire, Sally. *The New Color Photography*. New York: Abbeville Press, 1981.

Guigueno, Vincent. "La France vue du sol: Une histoire de la Mission photographique de la DATAR (1983–1989)." *Études photographiques* 18 (2006): 97–119.

Hers, François, and Bernard Latarget. "L'expérience du paysage." In *Paysages photographies: Travaux en cours 1984/1985*. Paris: Hazan, 1985.

Hill, Jason E., and Vanessa R. Schwartz. *Getting the Picture: The Visual Culture of the News*. New York: Bloomsbury, 2015.

Ingold, Tim. "The Temporality of Landscape." In *The Perception of the Environment: Essays on Livelihood, Dwelling and Skill*, 189–208. London: Routledge, 2011.

Mission photographique de la DATAR. *Paysages photographies: Travaux en cours 1984/1985*. Paris: Hazan, 1985.

Mission photographique de la DATAR. *Paysages photographies: En France les années quatre-vingt*. Paris: Hazan, 1989.

Weems, Jason. *Barnstorming the Prairies: How Aerial Vision Shaped the Midwest*. Minneapolis: University of Minnesota Press, 2015.

望 MOUNTAIN
登自己的山

主　　编丨谭宇墨凡
特约编辑丨王　偲

营销总监丨张　延
营销编辑丨狄洋意　　许芸茹　　韩彤彤

版权联络丨rights@chihpub.com.cn
品牌合作丨tanyumofan@chihpub.com.cn

野望 SPRING
MOUNTAIN

Room 216, 2nd Floor, Building 1, Yard 31,
Guangqu Road, Chaoyang, Beijing, China

作者 | 萨拉·法默 Sarah Farmer

加州大学伯克利分校历史学博士，现任加州大学尔湾分校历史系教授，研究方向为现代法国史、20世纪欧洲史、社会文化史。

译者 | 叶藏

图书编辑，自由译者，毕业于南京大学哲学系，译有《再造乡土》《发明国际秩序》等。